EDITORIAL

> **Liebe Leserin, lieber Leser,**

mit diesem Low Budget Führer erleben Sie große Kultur, Shoppingtouren und das Wiener Leben für wenig Geld: Sie haben jede Menge Spaß, machen tolle Schnäppchen und erkunden die Stadt mit kleinem Geldbeutel. Wien hat imperialen Charme – bei einer Fahrt mit der Straßenbahn-Linie 1 können Sie ihn kennen lernen. Und Wien ist jung geblieben: Folgen Sie uns in günstige Hotels mit innovativem Konzept und in Clubs mit angesagten DJ-Lines, verrückten Nachwuchsbands und langen Jazznächten.

Viele Museen bieten am Samstag oder Sonntag freien Eintritt, und rund ums Jahr gibt's zahlreiche klassische und alternative Kultur-Events zum Nulltarif – gerade während der Sommermonate. Die österreichische Hauptstadt bietet eine Top-Küche zu oft sehr bodenständigen Preisen. Und auch Familien erleben an der Donau jede Menge Abwechslung, ohne viel Eintritt bezahlen zu müssen.

Die Stadt lernen Sie dabei bestimmt von ihren spannendsten Seiten kennen. Denn: Wo es gut und günstig ist, treffen sich auch die Wiener. Unsere Autoren zeigen Ihnen, wo's langgeht an der Donau.

Viel Spaß beim Entdecken!
wünscht Ihnen Ihr MARCO POLO-Team

Mit 10 € GUTSCHEIN für Ihr persönliches Fotobuch
Gilt nur für D und CH
Näheres siehe Seite 162

SYMBOLE:

 MARCO POLO INSIDER-TIPPS
Von unseren Autoren für Sie entdeckt

 KOSTENLOS
Hier zahlen Sie keinen Cent!

TOP 10	**DIE BESTEN LOW BUDGET TIPPS**	4
	START IN DIE STADT	6
TOP 10	**DIE BESTEN SEHENSWÜRDIGKEITEN**	16
	KULTUR & EVENTS	18
	MEHR ERLEBEN	38
	ESSEN & TRINKEN	52
	SHOPPEN	74
	NACHTLEBEN	90
	SCHLAFEN	102

INHALT

CLEVER!
Sparfüchse aufgepasst!
Mit diesen Tipps und Tricks
können Sie zusätzlich Geld
sparen oder etwas
Besonderes erleben

LUXUS LOW BUDGET
Edles echt günstig! Ob
Hotel-Suite, Gourmet-Lunch
oder Designer-Outfit:
Gehen Sie mit uns auf
Schnäppchenjagd

	MIT KINDERN	118
	CITYATLAS WIEN MIT STRASSENREGISTER	129
ABC	REGISTER	160
	FOTOBUCHGUTSCHEIN	162
	IMPRESSUM	163
48 h	LOW BUDGET WEEKEND	164
48 h	LUXUS LOW BUDGET WEEKEND	166
	PLAN WIENER LINIEN	168

2 | 3

TOP 10

> Das Burgtheater zum halben Preis, ein Restaurant, in dem Sie die Höhe der Rechnung selbst bestimmen, Schokolade kiloweise – zehn Dinge, die Sie in Wien nicht verpassen sollten

Insider Tipp
DIE AUSSICHT VON DER HAUPTBIBLIOTHEK [142 A4]
Von der frei zugänglichen Dachterrasse der futuristischen Hauptbibliothek am Urban-Loritz-Platz hat man eine tolle Aussicht über das westliche Wien bis zum Wienerwald. Auch im Café bieten sich durch die Panoramafenster Blicke ins Weite (S. 10)

Insider Tipp
BURGTHEATER ZUM HALBEN PREIS [132 B1–2]
"Die Burg" ist eine der wichtigsten Kultur-Institutionen Wiens. Sie bringt Traditionelles, Klassisches und Skandalöses auf die Bühne. Wer das Theater erleben möchte, muss nicht tief in die Tasche greifen: Stehplatz-Karten gibt's ab 4 Euro, Restkarten eine Stunde vor Vorstellungsbeginn zum halben Preis (S. 33)

Insider Tipp
GRATIS-TOUREN DURCH DIE DONAUAUEN [143 F1] u. [153 E3]
Der Nationalpark Donauauen ist eine exotische Wasserlandschaft mit seltenen Tieren und Pflanzen. Man kann sie bei Gratistouren mit dem Rad oder zu Fuß erkunden (S. 42)

Insider Tipp
RHEINTALER [132 C3]
Holztische, rot-weiß-karierte Tischdecken, österreichische Küche zu günstigen Preisen. Das Rheintaler liegt zentral in der Nähe der Oper. Probieren Sie die Powidltatschkerl – Kartoffeltaschen mit Pflaumenmus! Schöner Gastgarten (S. 56)

DIE BESTEN
LOW BUDGET TIPPS

Insider Tipp

DER WIENER DEEWAN [143 D1]

Bezahlen Sie einfach, was Sie wollen! Das pakistanische Restaurant bietet ein Buffet mit sehr schmackhaften Currys. Der Gag: Es gibt nur für Take-aways und Getränke Fixpreise, für das Buffet nicht *(S. 64)*

Insider Tipp

MANNER [152 C3]

Schokolade zu Kilopreisen: Der Süßwarenhersteller Manner verkauft ab Werk Bruchware: Ein halbes Kilo Schokolade ab zwei Euro *(S. 75)*

Insider Tipp

FREISTIL [133 D1]

Second-Hand-Shop, in dem's neben gebrauchter Kleidung (Smokings ab 100 Euro) schöne, teilweise alte Wohnaccessoires gibt *(S. 78)*

Insider Tipp

WIRR [142 B3]

Coole Mischung aus Beisl und Lounge. Das Wirr bietet abstrakte Kunst und Alpenpanorama an den Wänden, bio-bewegte Köche, tolle DJs und schräge Tanzpartys zu sehr verträglichen Preisen (Eintritt 3–5 Euro) *(S. 93)*

Insider Tipp

WOMBAT'S @ THE NASCHMARKT [143 D5]

Jüngster Ableger der Wombat's-Kette. Markenzeichen: charmante Mischung aus Hotel und Jugendherberge. Mit Lounge, Bar, Internet-Terminals und All-you-can-eat-Frühstücksbuffet *(S. 110)*

Insider Tipp

ROBINSON-INSEL [135 D1]

Spielgeräte gibt es nicht, dafür Bäume, Büsche, verborgene Wege und einen Minifluss. Naturbelassenes Gelände, auf dem Großstadtkinder Abenteuer erleben und sie später am Lagerfeuer den anderen erzählen. Eintritt frei *(S. 124)*

4 | 5

> So behalten Sie den Überblick: die besten Aussichten, günstigste Tickets, Citybikes & Kultur

Sie werden schnell sehen: Wien zu entdecken, ist einfach und gar nicht teuer. Zuerst sollten Sie das Zentrum rund um die Hofburg und den Stephansdom kennen lernen. In der Altstadt, die als ganze zum Welterbe der Unesco ernannt wurde, sind Sie am besten zu Fuß unterwegs, viele wichtige Sehenswürdigkeiten liegen ganz nah beieinander. Oder Sie fahren mit der Straßenbahn, mit der Linie 1. So erleben Sie Wien durchs Waggonfenster – und können jederzeit aus- und wieder einsteigen. Ohnehin gilt: Sie brauchen in Wien eigentlich kein Auto, in den Öffentlichen Verkehrsmitteln fahren Sie mit Tagesticket oder mit der Wien-Karte preiswert. Letztere lohnt sich vor allem, wenn Sie etwas Zeit haben und viel besichtigen wollen. Der Eintritt in zahlreiche Museen ist ermäßigt, auch in Restaurants und Shops gibt es Rabatte. Sie können mit der Wien-Karte auch bis an die Ränder der Stadt fahren, dort wo die Metropole ins Grüne übergeht. Die Stadt liegt nämlich wunderschön zwischen Donau und Wienerwald. Außerdem erfahren Sie in diesem Kapitel, wie Sie ein Citybike entleihen, wo es kostenfrei ins Internet geht und welche Gratis-Magazine darüber informieren, was gerade los ist in Wien.

START IN DIE STADT

DIE ERSTE TAT

MIT DER BIM RUND UM DEN RING

Günstig und genial einfach: Den ersten Eindruck von Wien verschaffen Sie sich am besten bei einer ganz normalen Straßenbahnfahrt über die Ringstraße. An Bord der Linie 1 fährt man im Uhrzeigersinn vom Karlsplatz bis zur Urania-Sternwarte. Zu sehen gibt es unter anderem Staatsoper, Hofburg, Parlament, Burgtheater, Rathaus und Universität. Linie 2 deckt die Ostroute von der Urania über Stuben-, Park- und Schubertring bis zum Rathaus ab. Unterwegs kann man nach Belieben die Fahrt unterbrechen. Tipp: In aller Ruhe, weil mit Sicherheit von einem Sitzplatz aus, genießt man das Panorama unter der Woche außerhalb der Rushhour, also

nicht zwischen 7.30 und 9 bzw. 16.30 und 18 Uhr.

ANREISE

IM AUTO

Am günstigsten ist es natürlich, wenn Sie eine Mitfahrgelegenheit nach Wien finden. Das geht schnell und unkompliziert bei mehreren Mitfahrzentralen im Internet. Einfach Kontakt mit dem (Mit)Fahrer aufnehmen, Treffpunkt, Kostenbeteiligung und weitere Details zur gemeinsamen Fahrt vereinbaren, und los geht's! Auf folgenden Websites kann man sich kostenlos registrieren und auch aktuelle Angebote und Nachfragen für Mitfahrgelegenheiten finden: *www.mitfahrgelegenheit.at | www.mitfahrzentrale.at*

START IN DIE STADT

PER BAHN

Wer rechtzeitig dran ist und flexibel reisen kann, der muss nicht unbedingt viel für die Bahnreise bezahlen: Nutzen Sie das Europa-Spezial- bzw. das Spar-Schiene-Angebot von Deutscher Bahn und ÖBB. Täglich gibt es etliche Direktverbindungen, auch über Nacht, von diversen deutschen Städten ab 29 Euro einfach, Sitzplatz-, Liege- oder Schlafwagenreservierung inklusive. Die Zahl der supergünstigen Tickets ist allerdings leider stark beschränkt, frühzeitige Buchung deshalb dringend empfohlen. Infos auch zu den Buchungsfristen: *www.bahn.de | www.oebb.at | www.regiotours.net*

PER FLUGZEUG

Wien wird unter anderem aus München, Frankfurt, Berlin, Hamburg und Zürich täglich angeflogen. Unter den günstigen Anbietern ist derzeit Air Berlin führend. Aber auch Lufthansa, Austrian und Swiss offerieren – vor allem Frühbuchern – sehr günstige Tickets, und die gibt es unter anderem hier: *www.skyscanner.com | www.flyniki.com | www.aua.com | www.airberlin.com | www.swiss.com | www.lufthansa.de*

FLUGHAFEN-TRANSFER

Am günstigsten fährt man mit der S-Bahn vom 19 km südöstlich gelegenen Flughafen Wien Schwechat ins Stadtzentrum: Sie fährt im Halbstunden-Takt nach Wien Mitte im 3. Bezirk. Wobei man mit dem Ticket im innerstädtischen Netz gleich bis ans eigentliche Ziel weiterfahren kann *(3,60 Euro, Fahrtdauer 20 Min., Betrieb: tgl. ca. 5–22 Uhr.* Deutlich teurer, aber etwas komfortabler und schneller sind der Airport Train für 9 Euro bei Online-Buchung *(www.cityairporttrain.com)* und der Shuttle-Bus zum West- und Südbahnhof bzw. Schwedenplatz, der als einfache Fahrt 6, hin und zurück 11 Euro kostet *(www.postbus.at).*

Insider Tipp

AUSSICHTEN

Lust auf Wien von oben? Riesenrad, Stephansdom oder ein Dinner im drehbaren Restaurant des Donauturms kosten Geld. Aber es gibt auch frei zugängliche Panoramapunkte, die ebenso spektakuläre Perspektiven auf die Stadt eröffnen:

OBERES BELVEDERE 🐷 [150 A1]

Ein Panorama für Nostalgiker: Schon Bernardo Bellotto alias Canaletto hat

Bild: Wiener Altstadt – Open-Air-Saison am Stephansdom

um 1760 den Traumblick vom Oberen der beiden Barockschlösser Prinz Eugens auf Leinwand gebannt – zu bewundern ist sein Meisterwerk in der Gemäldesammlung des Kunsthistorischen Museums. Die berühmte Ansicht der Innenstadt hat sich seit damals nur wenig verändert. Der Blick vom Oberen Belvedere über die kunstvoll bepflanzten Terrassen des Schlossgartens auf das Dächermeer der City mit dem Stephansdom in der Mitte präsentiert sich nach wie vor fast so schön wie in Öl gemalt. *Eintritt frei | Garten geöffnet: tgl. je nach Saison frühestens ab 6, spätestens bis 21 Uhr | Prinz-Eugen-Straße 27 | Straßenbahn D Oberes Belvedere | 3. Bezirk*

HAUPTBIBLIOTHEK 🐖 [142 A4]

Vom Oberdeck dieses relativ jungen futuristischen Bücherschiffes reicht der Blick über die Dächer der westlichen Vororte bis weit über den Wienerwald und Richtung Süden zu den Wolkenkratzern am Wienerberg. Die Dachterrasse ist über die breite Freitreppe rund um die Uhr frei zugänglich. Kostenlos benutzbar und spannend ist übrigens auch die moderne, mehrstöckige Bibliothek. Sie verfügt über riesige Bestände, außerdem Internet- und Audioplätze, Lesenischen und ein Café, durch dessen Panoramascheiben man ebenfalls in die Ferne blicken kann. *Eintritt frei | Bücherei und Café: Mo–Fr 11–19, Sa bis 17 Uhr | Urban-Loritz-Platz 2A | U6, Straßenbahn 49, 6, 9, 18 Urban-Loritz-Platz | 7. Bezirk*

LEOPOLDSBERG 🐖

Ein besonderes Panorama auf die ganze Stadt Wien und den Donaustrom bis zu den Karpaten hin genießt man von diesem alleröstlichsten Ausläufer des Alpenbogens. Wo sich vor 900 Jahren der Babenberger Graf Leopold III. eine Burg bauen ließ (die im wesentlichen bis heute erhalten blieb), steht man, schaut talwärts in Richtung Donau und versteht plötzlich, weshalb diese zwischen Ungarischer Tiefebene und Voralpenland gelegene Stadt schon immer von strategisch so überragender Bedeutung war. Im Anschluss empfiehlt sich der Spaziergang vom Leopoldsberg, erst auf Waldwegen, später durch die Weinberge, hinunter bis in den Heurigenort Grinzing. *Frei zugänglich | Bus 38A ab U4 Heiligenstadt bis Endstation | 19. Bezirk*

> www.marcopolo.de/wien

START IN DIE STADT

SKY CAFÉ [133 D3]

Schön ist der Blick vom Sky Café in der obersten Etage des Kaufhauses Steffl. Im Sommer von der offenen Terrasse, im Winter hinter Glas, hat man bei einer Schale Kaffee oder Tee (ab 2,20 bzw. 3,60 Euro) den Stephansturm zum Greifen nah vor sich. *Mo–Sa 9.30–3, So 18–2 Uhr | Kärntner Straße 19 | Zugang durch das Kaufhaus oder direkt via Panoramalift | Tel. 513 17 12 | www.skybar.at | U 1 Stephansplatz | 1. Bezirk*

INFORMATIONEN

WIEN TOURISMUS INFO 🐷 [133 D4]

Sehr gut und informativ sind die diversen Gratis-Broschüren und -Programmhefte, die der Wiener Tourismusverband herausgibt: etwa das halbjährliche Kulturjournal, ein Stadtplan mit Museenliste, ein Hotel-Guide, monatlich ein komplettes Veranstaltungsprogramm und Broschüren zu Themen wie „Essen & Trinken", „Shopping", „Grünes und sportliches Wien", „Familie" u.v.m. Erhältlich vorab unter *Tel. 245 55* bzw. *info@wien.info*, im nächstgelegenen Büro der Österreich-Werbung oder vor Ort in folgenden beiden Außenstellen von Wien Tourismus: *Tourist-Info Wien | tgl. 9–19 Uhr | Tel. 245 55 | Albertina/Maysedergasse, hinter der Staatsoper | 1. Bezirk* (Tipp: hier gibt es tgl. von 14–17 Uhr für ausgewählte Wiener Bühnen um **bis zu 50 % verbilligte Last-Minute-Tickets!**) | U 1, 2, 4 Karlsplatz; *Tourist-Info Flughafen Wien* [153 F4] *| tgl. 6–23 Uhr | Ankunftshalle | Wien-Hotels & Info: tgl. 9–19 Uhr*

Insider Tipp

ÖSTERREICH WERBUNG

In Deutschland: *Tel. 018 02/10 18 18 | Mo–Fr 9–17.30 Uhr*
In der Schweiz: *Tel. 08 42/10 18 18 | Mo–Fr 9–17 Uhr*
Beide: jew. im Land zum Ortstarif | www.austria.info

VORMAGAZIN 🐷

60 000 Gratisexemplare dieses aufwändig gestalteten Magazins werden jeweils am ersten Dienstag im Monat in Bussen, Straßen- und U-Bahnen, aber auch in der Badner Bahn und in den Zügen des ÖBB-Nahverkehrs zur Lektüre ausgehängt. Sie enthalten vielfältige Neuigkeiten aus Kultur, Lifestyle und Society, vor allem aber einen aktuellen Veranstaltungskalender. Zeitgleich erscheint das Vormagazin auch im Internet als E-

10 | 11

Paper unter *www.vormagazin.at*. Auf dieser Website werden, jeweils eine Woche vor dem Event, Gratis-Tickets für Konzerte, Theater- oder Kabarett-Abende sowie Sportveranstaltungen verlost. Anklicken lohnt sich auf jeden Fall!

MULTI MEDIA STATIONS

An mehr als 500 öffentlich zugänglichen Standorten ermöglichen diese High-Tech-Telefonzellen den kostenfreien Online-Zugang zu den Seiten der Stadt Wien, darunter auch zu Touristen-Informationen. Auch kann man von ihnen aus kostenlos mit den Servicestellen der Stadtverwaltung telefonieren. Per Kleingeld-Einwurf kann man zudem allgemein telefonieren, unbeschränkt im Internet surfen, SMS und E-Mails versenden und Telefonate mit gleichzeitiger Videoübertragung führen.

INTERNET

INTERNET-CAFÉS

Es gibt im Zentrum Wiens verstreut zahlreiche Lokale, in denen man gegen Gebühr an Terminals im Internet surfen und seine E-Mails abrufen kann. Zwei besonders empfehlenswerte Adressen:

SURFLAND [133 D4]

Das Surfland gilt als modernstes Internet-Café der Stadt. Srachversionen von Arabisch bis Japanisch, Schulungen, kostenlose Spiele auf der Website. Nichtraucher. *1 Min. 0,09, Startgeb. 1,50 Euro | Krugerstraße 10 | Tel. 512 77 01 | www.surfland.at | U 1, 2, 4 Karlsplatz | 1. Bezirk*

HAUS WIEN ENERGIE [132 B4]

Gratis, begrenzt auf eine Stunde, bietet der Wiener Energieversorger 4 Plätze. *Mo–Mi 9–18, Do 9–20, Fr 9–15 Uhr | Mariahilfer Straße 63 | Tel. 582 00 | www.wienenergie.at | 6. Bezirk*

PUBLIC INTERNET

Diverse Einrichtungen, u. a. viele Cafés, bieten die Möglichkeit, sich mit dem eigenen Notebook, PDA oder Smartphone über WLAN drahtlos ins Internet einzuloggen. An mittlerweile mehr als 1000 speziellen Orten, so genannten Hotspots, ist über den WLAN-Provider Freewave die Nutzung kostenlos. Eine kleine Auswahl: *Bar Urania* [133 F1], *Uraniastraße 1 | Cafe Central* [132 C2], *Herrengasse/Ecke Strauchgasse | Café Engländer* [133 E2], *Post-*

> *www.marcopolo.de/wien*

START IN DIE STADT

gasse 2 | Café Hofburg [132 C3], Hofburg, Innerer Burghof 1 | Café Landtmann [132 B1], Dr.-Karl-Lueger-Ring 4 | Café Mozart [132 C4], Albertinaplatz 2 | Café Prückel [133 F2], Stubenring 24 | Filmmuseum & Filmbar [132 C3], Augustinerstraße 1 | Flanagans Irish Pub Vienna [133 D4], Schwarzenbergstr. 1–3 | Österreicher im MAK [133 F2], Stubenring 5 | alle Genannten: 1. Bezirk

UNTERWEGS
ÖFFENTLICHE VERKEHRSMITTEL
Ideal für Besucher, die innerhalb kürzester Zeit möglichst viel von der Stadt sehen wollen, ist das 24-Stunden-Ticket für 5,70 Euro, noch günstiger die einen Tag von 8–20 Uhr gültige Einkaufskarte zu 4,60 Euro. Zeitkarten gibt's auch für 48 oder 72 Stunden. Sie kosten 10 bzw. 13,60 Euro. Die Wochenkarte für 14 Euro gilt von Montag bis Montag 9 Uhr. Die Acht-Tage-Klimakarte enthält acht Streifen, die jeweils eine Tagesnetzkarte für Busse, Straßen-, Schnell- und U-Bahnen an einem beliebigen Tag beinhalten (28,80 Euro). Zur unbegrenzten Nutzung für drei Tage berechtigt auch der Besitz der sehr empfehlenswerten Wien-Karte

(S. 15). Alle Tickets können online unter www.wienerlinien.at gekauft und ausgedruckt werden. Vor Ort sind sie in Tabaktrafiken sowie an den Vorverkaufsstellen der Wiener Linien und den VOR-Automaten in den U-Bahn-Stationen erhältlich. Flugreisende sollten beim Online-Kauf ihres Tickets am besten gleich auch das Ticket für die S-Bahn vom Flughafen in die Stadt lösen.

CITYBIKE   [132 C2]
Die Stadt hat ein Leihradsystem mit über 60 Verleihstellen, so genannten Biketerminals, installiert. Auch Touristen können mit dem Citybike die Stadt erkunden und es danach an jeder beliebigen Station zurückgeben. Da die Benutzung für die erste Stunde gratis ist, kann man, wenn man alle knapp 60 Minuten eine viertelstündige Pause einlegt, den ganzen Tag quasi umsonst durch die Gegend fahren. Einzige Voraussetzung: Man löst sich zu Beginn für 2 Euro die 24 Stunden gültige „Citybike Tourist Card". Die Karte wird von vielen Unterkünften an ihre Gäste ausgegeben. Ebenfalls erhältlich ist sie bei: Royal Tours | Wien 1 | Herrengasse 1–3 | tgl. 9–11.30 und 13–18 Uhr;

Pedal Power [140 C4] | *Wien 2* | *Ausstellungsstraße 3* | *tgl. 9–19 Uhr* | *Infos: Hotline Tel. 08 10/50 05 00 und www.citybikewien.at*

DAS AUTO PARKEN

Idealerweise lässt man das Auto für die Zeit seines Wien-Aufenthalts stehen und ist lieber zu Fuß oder mit öffentlichen Verkehrsmitteln unterwegs. Unter www.parkeninwien.at können Sie unter dem gleichnamigen Stichwort kostenlos die "Parkfibel" für Wien bestellen. Sie informiert umfassend über Themen wie: Kurzparken, Dauer- und Nachtparken, Park & Ride, Parkleitsystem, Blaue Zonen. Außerdem gibt es viele Informationen zu den örtlichen Parkgaragen, wie zum Beispiel die Tarife, ei-

Mein Rad, dein Rad: Citybike-Terminal in der Innenstadt

START IN DIE STADT

nen Orientierungsplan, Öffnungszeiten und Hinweise zur Sicherheit.

MIET-MINIS

Wenn Sie doch mal ein Auto brauchen: Der Günstig-Autovermieter EasyMotion vermietet zum Beispiel Smarts für 1 und Minis für 2 Euro Grundgebühr pro Stunde, allerdings nur online. So preiswert geht das, weil die Fahrzeuge mit Werbung bedruckt sind – und weil eine bestimmte Mindestkilometer-Zahl festgelegt ist, die 0,20 Euro pro Kilometer kostet (in 24 Stunden sind es 30 km). Rechtzeitig reservieren, die Kontingente sind begrenzt. Auch größere Autos und welche ohne Werbung gibt's zu Schnäppchenpreisen. *www.easymotion.at*

VERGÜNSTIGUNGEN & GUTSCHEINE

WIEN- UND WOCHENKARTE

Mit der Wien-Karte kann man für nur 18,50 Euro nicht nur 72 Stunden lang beliebig oft sämtliche öffentlichen Verkehrsmittel nutzen. Man erhält auch in den meisten wichtigen Museen und Sehenswürdigkeiten sowie bei Führungen, Rundfahrten, in Geschäften, Restaurants und Heurigen –

teilweise erhebliche – Ermäßigungen. Die Wien-Karte ist samt 120seitigem Couponheft am Flughafen, in mehr als 200 Hotels der Stadt, den Tourist-Informationen sowie den Vorverkaufsstellen der Wiener Linien erhältlich. Unter *www.wien karte.at* kann man sie auch vorab von zu Hause aus im Internet ordern.

SNIPCARDS

Insider Tipp

Rabatte für Konzert-, Kino- oder Theatertickets, für aktuelle Ausstellungen, Markenartikel oder alle nur erdenklichen Dienstleistungen: Die sogenannten Snipcards sind der neue Megahit der Wiener Werbebranche und eine Fundgrube für alle, die gerne Geld sparen. Die kreditkartengroßen, bunt bedruckten Kärtchen bekommen Sie mittlerweile schon an weit über 100 Standorten in der österreichischen Hauptstadt. Ob in Cafés, Kinos, Hotels, Tankstellen oder Geschäften: Die eigens gestalteten Wand- oder Standregale enthalten meistens Dutzende von Angeboten, darunter auch Gewinnspiele, Gratisgutscheine und Spendenaufrufe. Ausschau nach Snipcards halten, schmökern und zugreifen lohnt in jedem Fall! *www.snipcard.at*

TOP 10

> Das sollten Sie nicht verpassen! Auch wenn der eine oder andere Eintritt nicht den Geldbeutel schont – diese Sehenswürdigkeiten gehören zu Wien einfach dazu

⭐ BELVEDERE

Ganz schön barock, die beiden ehemaligen Sommerpaläste des Prinz Eugen. Das Obere Belvedere bietet österreichische Kunst aus acht Jahrhunderten, auch viele Werke Klimts und Schieles. *9,50 Euro | tgl. 10–18 Uhr | Tel. 795570 | www.belvedere.at | Straßenbahn D, 71 | 3. Bezirk*

⭐ GRINZING   [153 D2]

Klassischer Wein- und Heurigenort an den nordöstlichsten Hängen des Wienerwalds. *Straßenbahn 38 | 19. Bezirk*

⭐ HOFBURG   [132 C2]

Wo einst die Habsburger die Geschicke der k. u. k. Monarchie lenkten, sind heute etwa zwei Dutzend Ausstellungen rund ums höfische Leben zu sehen, u.a. die Kaiserapartments, Schatz- und Silberkammer, das Sisi Museum sowie Burgkapelle und Hofreitschule. Ein kostenloses Vergnügen ist der Bummel rund um die Hofburg und durch ihre frei zugänglichen Höfe. *Div. Tickets, z. B. Sisi Museum, Kaiserapartments und Silberkammer für 9,90 Euro | Michaeler-, Helden-, Josefsplatz | www.hofburg-wien.at | U3 Herrengasse bzw. Volkstheater, Straßenbahn 1, 2, D | 1. Bezirk*

⭐ KUNSTHISTORISCHES
MUSEUM   [132 B4]

Dürer, Rembrandt, Tizian: Der sehr schöne Ringstraßenbau beherbergt eine der bedeutendsten Gemäldesammlungen der Welt. *10 Euro | Di–So 10–18, Do bis 21 Uhr | Maria-Theresien-Platz | Tel. 5252440 25 | www.khm.at | U2, 3 Volkstheater | 1. Bezirk*

⭐ MUSEUMSQUARTIER   [132 A4]

Der Mega-Kulturkomplex beherbergt auf etwa 60 000 m² mehr als 20 Museen und Projekte. Höhepunkte: Leopold Museum, Kunsthalle und Museum Moderner Kunst. In den Besichtigungspausen

DIE BESTEN
SEHENSWÜRDIGKEITEN

genießt man die Cafés, die Loungeliegen und die mit Spielen ausgestatteten Höfe. *Tickets am MQ Point | tgl. 10–19 Uhr | Tel. 523 58 81 17 31 | www. mqw.at| U 2, 3 Volkstheater oder Museumsquartier | 7. Bezirk*

⭐ RINGSTRASSE
4,5 km langer Prachtboulevard mit imperialem Flair. Zu Fuß, im Fiaker oder mit der Straßenbahn erlebt man Staatsoper, Parlament, Burgtheater & Co. *Straßenbahn 1, 2 | 1. Bezirk*

⭐ SCHATZKAMMER [132 C3]
Eine der wertvollsten Preziosensammlungen der Welt – mit Staatsschätzen aus vielen Jahrhunderten. *12 Euro | Hofburg, Schweizerhof, Mi–Mo 10–18 Uhr | Tel. 52 52 40 | www.khm.at | U 3 Herrengasse | 1. Bezirk*

⭐ SCHLOSS SCHÖNBRUNN [146 C3]
Die ehemalige Sommerresidenz der Habsburger ist Wiens meistbesuchte Sehenswürdigkeit. Etwa 1,5 Mio. Gäste besichtigen jährlich die Prunkräume, durchstreifen den weitläufigen Park und steigen hoch zur Gloriette. *Park frei zugänglich | April–Okt. ab 6, Nov.–März ab 6.30 Uhr bis Dunkelheit | Schauräume ab 10 Euro | tgl. 8.30–17, Juli, Aug. bis 18, Nov.–März bis 16.30 Uhr | Tel. 811130 | www.schoenbrunn.at | U 4 Schönbrunn od. Hietzing | 13. Bezirk*

⭐ STAATSOPER [132 C4]
Die Philharmoniker im Orchestergraben, Sängerstars auf der Bühne: Der Prachtbau im Stil der Neorenaissance symbolisiert Wiens Rang als Musikweltstadt. *Tickets ab 3 Euro | Anf. Sept. bis Ende Juni | Opernring 2 | Tel. 51 44 40 | www. staatsoper.at | U 1, 2, 4 Karlsplatz | 1. Bezirk*

⭐ STEPHANSDOM [133 D2]
Wiens Wahrzeichen Nummer eins: der gotische Dom mit Europas dritthöchstem Kirchturm, von dem aus man eine tolle Sicht auf die Stadt hat. *Eintritt Südturm 3,50 Euro | tgl. 9–17.30 Uhr | Eintritt Dom frei | Mo–Sa 6–22, So und Feiertags 7–22 Uhr | Führungen ab 3,50 Euro | Stephansplatz | www.stephans dom.at | U 1, 3 Stephansplatz | 1. Bezirk*

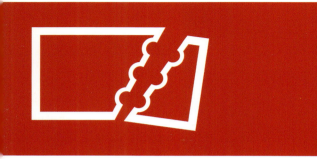

> Gratis die Wiener Philharmoniker hören? Selbst das ist in Wien möglich. Ein kultureller Rundgang

In Wien ist immer enorm was los. Und man braucht nicht unbedingt viel Geld, um bei den Kulturveranstaltungen dabei zu sein. Die Wiener wissen zu feiern, und wer gute Stimmung mitbringt, ist jederzeit ein gern gesehener Gast. Die Eröffnung der Wiener Festwochen, der Silvesterpfad, Volxkino und Opernfilmfestival – das ganze Jahr über gibt es eine Fülle von kostenlosen Veranstaltungen. Man kann sogar den Wiener Sängerknaben oder den Wiener Philharmonikern lauschen, ohne dafür einen Cent Eintritt zu bezahlen. Und auch die Museen haben ein besonderes Angebot parat: Viele von ihnen, darunter sämtliche städtischen, laden tageweise zur kostenfreien Besichtigung. Also: nichts wie hereinspaziert ins Wiener Kultur-Leben! Wir sagen, was Sie auf keinen Fall verpassen dürfen, wo Sie Nachwuchskünstler erleben und wie Sie Klassiker besonders günstig genießen können. Ein besonderer Tipp für alle Theater-Fans: Neuerdings bekommt man bei der Tourist-Info am Albertinaplatz (S. 11) täglich von 14 bis 17 Uhr für ausgewählte Wiener Bühnen um bis zu 50 Prozent vergünstigte Last-Minute-Tickets, die für denselben Abend gelten – viel Spaß also beim kostengünstigen Kulturvergnügen.

KULTUR & EVENTS

FESTIVALS & EVENTS

DONAUINSELFEST 🐷

Sommer, Sonne, Donaustrand und mehr: Mittlerweile sind es 3 Mio. Besucher, die am letzten Juni-Wochenende bei freiem Eintritt das abwechslungsreiche Kulturprogramm des Donauinselfestes samt spektakulärem Feuerwerk genießen. Etwa 300 Musik-, Theater- und Kabarettgruppen machen auf dem über 6 km langen, von der Donau umflossenen Festgelände Programm für jedes Alter und jeden Geschmack – von Kabarett bis Klassik, vor allem aber Rock, Pop und Schlager. In den letzten Jahren heizten dem Publikum internationale Topstars wie die Beach Boys, die No Angels oder Joe Cocker ein. Nahezu geschlossen vertreten waren auch die heimischen Größen, von Udo Jürgens und Reinhard Fendrich bis zu DJ Ötzi, Kurti Ostbahn & Co. Ein Schach- und ein Kinderfest, ein Wettbewerb für Nachwuchskünstler und Sportevents runden das Gratis-Programm ab. *Eintritt frei | Infos während des Festes tgl. 9–21 Uhr unter Tel. 535 35 35 | www. donauinselfest.at | U 1 Donauinsel | 22. Bezirk*

FESTWOCHEN-ERÖFFNUNG 🐷 [132 A1–2]

Promifaktor? Extrem hoch. Im Frühsommer inszeniert die Kulturmetropole zum Auftakt der Wiener Festwochen ein glitzerndes Eröffnungsspektakel. Der Schauplatz des Mega-Ereignisses, dem mehrere

Zehntausend Kunstliebhaber vor Ort und noch viel mehr vor dem Fernseher beiwohnen, ist der Rathausplatz. Ihren Auftritt haben Superstars wie Placido Domingo, José Carreras oder Marianne Faithful, dazu Spitzenorchester und Größen des inländischen Showbiz. Eintritt frei, Genussfaktor hoch, Gedränge garantiert. *Eintritt frei | Rathausplatz | Infos, auch zum Kartenverkauf aller weiteren Festwochen-Veranstaltungen unter Tel. 589 22 22, Freeline ab Anfang Mai unter Tel. 08 00 66 40 20 | www.festwochen.at | Straßenbahn 1, 2, U2 Rathaus | 1. Bezirk*

GÜRTEL NIGHTWALK

Insider Tipp

Eröffnet wird der Gürtel Nightwalk, spannendes Musikevent in der österreichischen Hauptstadt, alljährlich auf dem Dachgarten der Zentralbibliothek am Urban-Loritz-Platz. Die musikalischen Live-Acts, aber auch Lesungen finden unter reger DJ-Beteiligung in rund einem Dutzend Szenelokalen und auf vier Open-Air-Bühnen entlang der gesamten Nightwalk-Meile statt, die sich vom Neubaugürtel bis zur Alser Straße erstreckt. Ursprünglich, Mitte der 90er-Jahre, war die Initiative als Starthilfe für die damals neu entstehende Lokalszene entlang der Gürtel-Stadtbahnbögen gedacht. Die mit EU-Geldern revitalisierten Abschnitte dieser Umfahrungsstraße der inneren Stadtbezirke sollten mittels einer Kulturnacht aufgewertet werden. Inzwischen zählt die Veranstaltung zu den absoluten Fixpunkten der Musikszene. *Eintritt frei | jew. letzter Augustsamstag, ab 18 Uhr bis in den frühen Morgen | Tel. 525 50 | www.guertelnightwalk.at | U6 Burggasse, Josefstädter und Alser Straße | 7.–9. bzw. 15./16. Bezirk*

LIFE BALL – FASHIONSHOW [132 A1-2]

Der Life Ball ist das europaweit größte Charity-Event im Kampf gegen Aids. Reguläre Tickets für die ganze Nacht im Rathaus kosten 150 Euro. Die Eröffnungsshow dieses Festes jedoch findet auf dem Rathausplatz statt und ist für jedermann frei zugänglich. Für die opulente Inszenierung, bei der die spektakulär kostümierten Gäste und danach die Models der Fashionshow vor Dutzenden Fernseh-Kameras über einen riesigen Catwalk defilieren, zeichnet in jedem Jahr ein anderer internatio-

> *www.marcopolo.de/wien*

KULTUR & EVENTS

naler Designer verantwortlich. Die Eröffnungsshow auf dem Rathausplatz hat sich zum mehrstündigen Mega-Event mit Live-Music-Act entwickelt – dabei sein macht stets jede Menge Spaß! *Eintritt frei | jeweils um den 20. Mai herum | Rathaus(platz) | Tel. 595 56 00 | www.lifeball.org | Straßenbahn 1, 2, U2 Rathaus | 1. Bezirk*

REGENBOGENPARADE

Jedes Jahr an einem Samstag Ende Juni/Anfang Juli wogt eine gigantische Street Party über die Ringstraße – die Regenbogenparade der Schwu-

Junge Bands und beste Stimmung erlebt das Publikum beim Gürtel Nightwalk

len, Lesben und Bisexuellen mit Dutzenden Lkw-Zügen und über 200 000 Teilnehmern, die in schrillbunter Aufmachung für Solidarität, Toleranz und Gleichberechtigung demonstrieren. Routenverlauf: vom Stadtpark über die Ringstraße – getreu dem Motto „andersrum", also entgegen dem Uhrzeigersinn – vorbei an Urania, Börse, Parlament und Oper, bis zum Schwarzenbergplatz. *Eintritt frei | Ende Juni/Anfang Juli | Ringstraße | Tel. 21 66 04 | www. hosiwien.at/regenbogenparade | U4 Stadtpark | 1. Bezirk*

SILVESTERPFAD 🐷

Zum Jahresende verwandelt sich die Wiener Innenstadt für etwa zwölf Stunden in eine riesige Partybühne. Vom Rathausplatz bis in den Prater windet sich, gesäumt von zahlreichen Musikbühnen, Tanzzelten, Souvenirbuden, Punsch- und Imbissständen, der Silvesterpfad. Hunderttausende genießen friedlich feiernd das vielfältige und kostenlose Unterhaltungsprogramm und begrüßen schließlich – entweder zu den Klängen des Donauwalzers vor dem Rathaus oder zum Läuten der Pummerin, der Riesenglocke des Stephansdoms – um Schlag Mitternacht das Neue Jahr. *Eintritt frei | ca. 18–6 Uhr | Wien Tourismus | Tel. 24555 | www.info.wien.at | 1. Bezirk*

KINO
BELLARIA [132 A3]

Nostalgie in Rot–Weiß–Rot aus der Zwischen- und Nachkriegszeit, das Kassenhäuschen sieht aus wie annodazumal, auch die ausgestellten Requisiten erinnern an früher. Das Bellaria bietet eine einmalige Gelegenheit zum Wiedersehen mit Hans Moser, Paula Wessely, Sisi & Co. in stilechtem Ambiente – zu Ticketpreisen fast wie einst. *Alte Filme ab 5 Euro | Vorführung tgl. um 15.45 Uhr | Museumstraße 3 | Tel. 523 75 91 | U2 Volkstheater, Bus 48A | 7. Bezirk*

MUSIKFILMFESTIVAL 🐷 [132 A1–2]

Das ist viel besser als alleine Arte gucken, und es kostet nicht mal was: Wenn das Wetter auch nur halbwegs mitspielt, strömen im Hochsommer allabendlich Musikbegeisterte massenhaft auf den Rathausplatz. Dort werden nämlich Mitschnitte legendärer Konzerte, Opern-, Operetten-, Musical- oder Ballettaufführungen unter freiem Himmel gezeigt – auf

> *www.marcopolo.de/wien*

KULTUR & EVENTS

Großbildleinwand. Die Kulisse für diesen Klassiker unter den Kulturspektakeln bildet die neogotische Rathausfassade. Für zusätzlichen Genuss sorgen kulinarische Spezialitäten aus aller Welt, die's allerdings nicht umsonst gibt. *Eintritt frei | Beginn bei Einbruch der Dämmerung, im Juli ca. 21, im August ca. 20.30 Uhr | Rathausplatz |Programm und weitere Details: Tel. 40 00 81 00 | www.wien-event.at | Straßenbahn 1, 2 | 1. Bezirk*

VOLXKINO 🐷

Wiens einziges Open-Air-Wanderkino bietet im Sommer an mittlerweile 30 verschiedenen Orten in 16 Bezirken fernab der üblichen kulturellen Infrastruktur und in Kooperation mit Kulturvereinen cineastische Feinkost, von Jim Jarmusch und Woody Allen bis Fatih Akin und Lars von Trier. In der Adventszeit präsentiert das Schneeflockenkino auf diversen Vorstadt-Märkten vorweihnachtliche (Kurz-)Filme, wie zum Beispiel Cartoons aus den 30er-Jahren oder Laurel & Hardy-Kurzfilme. *Infos: Tel. 219 84 45 80 oder 06 99/12 87 15 00 oder www.volxkino.at*

LITERATUR

100 000 GRATISBÜCHER 🐷

Jedes Jahr Mitte November lässt die Stadt Wien, um das Bücherlesen zu propagieren, 100 Mal 1000 Freiexemplare eines eigens in Neuauflage hergestellten Buches an die Bevölkerung verteilen. Der ausgewählte Titel ist stets von humanistisch-aufklärerischem Gehalt und steht inhaltlich in geistiger Verbindung mit Wien. Als Autoren kamen im Rahmen der 2002 initiierten Aktion bisher unter anderem Imre Kertèsz, Frederic Morton, John Irving, Toni Morrison und Dai Sijie zum Zug. Abholen kann man sich ein Gratisbuch auch als Nicht-Wiener völlig formlos in Buchhandlungen, Städtischen Büchereien, Volkshochschulen und auf der Messe „Buch Wien". *Infos: www.einestadteinbuch.at*

Insider Tipp

ALTE SCHMIEDE 🐷 [133 E2]

Das Literarische Quartier der Alten Schmiede ist Wiens wichtigster Ort für die Begegnung mit zeitgenössischen Autoren. Lesungen, Werkstattgespräche, Diskussionen, Symposien, aber auch Konzerte – insgesamt weit über 100 Veranstaltungen gibt es pro Jahr, alle sind kostenfrei. Angeschlossen ist ein Leseraum, in dem 130 Literatur- und Kulturzeitschriften zur Lektüre ausliegen. *Mo–Fr 9–17 Uhr | Schönlaterngasse 9 | Tel. 512 83 29 | www.alte-schmiede.at | U1, 3 Stephansplatz | 1. Bezirk*

BUCH WIEN [141 D5]

Alle Jahre wieder gibt sich an einem langen Wochenende im Spätnovember die deutschsprachige Buchbranche im Wiener Prater die Ehre. Viele der wichtigen Groß- und zunehmend auch Kleinverlage sind hier präsent. Der Eintritt wirkt mit 7 Euro auf den ersten Blick nicht sonderlich wohlfeil – doch bedenkt man, dass man dafür stundenlang nach Herzenslust in Abertausenden Neuerscheinungen blättern darf, erscheint die Sache gleich in einem günstigeren Licht. Außerdem ist das viertägige Programm gespickt mit Gratis-Lesungen, Podiumsdiskussionen etc., zudem sind auch diverse andere Locations wie Büchereien und Theater mit der Karte zu besuchen. Es gibt Ermäßigungs- und auch Familienkarten (4,50 bzw. 15 Euro), und: Jeweils Donnerstagvormittag ist für Senioren der Eintritt frei! *Do, Fr 9–18, Sa 10–18, So 10–17 Uhr | Messe Wien,*

CLEVER!

> *Alles über Clowns und Glocken*

Neben den (welt)berühmten Sammlungen finden sich unter den insgesamt weit über 100 Museen der österreichischen Hauptstadt auch viele, die sich mit ziemlich kuriosen Aspekten des Lebens beschäftigen. Meist kosten sie wenig oder auch gar keinen Eintritt. Dass man in dieser Stadt Sigmund Freud, den Fiakern und dem Kaffee eigene Museen einrichtet, ist vielleicht noch erwartbar. Die Wiener widmen aber sogar ihren Ziegelsteinen und Heizungssystemen, dem Geld, dem Schnaps und der Schokolade, Schreib- und Rechengeräten, Glocken und Clownutensilien, dem Bestattungswesen und der Esperantosprache feste Ausstellungen. Nachzulesen in der Broschüre „Museen", die Wien Tourismus herausgegeben hat. Im Internet findet man vielfältige Informationen zu den Museen unter *www.wien.gv.at/ma53/museen*

> *www.marcopolo.de/wien*

KULTUR & EVENTS

Halle D, Trabrennstraße | Tel. 512 15 35 13 | www.buchwien.at | U2 Krieau | 2. Bezirk

MUSEEN & GALERIEN

BAWAG FOUNDATION / CONTEMPORARY [144 A2]

Willkommen in dieser seit bald 40 Jahren äußerst verdienstvoll agierenden Non-Profit-Einrichtung der gleichnamigen Großbank. Ihr Auftrag lautet: die Vermittlung jüngster Entwicklungen in- und ausländischer Gegenwartskunst für ein breitgefächertes Publikum. Präsentiert werden verschiedene Genres, seit Frühsommer 2010 mit neuer Adresse, aber nach wie vor bei freiem Eintritt und mit Gratis-Führung jeden Do um 18 Uhr. Außerdem gelegentlich im Programm: Konzerte, Künstlergespräche etc. *Geöffnet tgl. 14–20 Uhr | Franz Josefs Kai 3 | Tel. 59 90 59 19 | www.bawag-foundation.at | U4 Schwedenplatz, Straßenbahn 1, 2 | 1. Bezirk*

HEERESGESCHICHTLICHES MUSEUM [150 B3]

Wie spannend die österreichische Geschichte sein kann, zeigt dieses Museum. In dem um 1850 auf dem Gelände des Arsenals im neogotisch-maurischen Mischstil errichteten Gebäude sind Werden und Wirken der habsburgischen Armee vom Dreißigjährigen Krieg bis ins Jahr 1918 veranschaulicht. Auch das Schicksal Österreichs nach dem Zerfall der Monarchie bis 1945 wird dokumentiert. *Eintritt 5,10 Euro, für Erwachsene jeden ersten So im Monat frei, für Kinder und Jugendliche bis 19 J. immer frei | Tgl. 9–17 Uhr | Arsenal, Objekt 1 | Tel. 79 56 10 | www.hgm.or.at | Straßenbahn O, 18, D Südbahnhof | 3. Bezirk*

KUNSTHISTORISCHES MUSEUM [132 B4]

Dieses Museum gehört zu den grandiosesten Gemäldegalerien der Welt, seine Wände sind gespickt mit alten Meistern der Extraklasse, von Breughel und Dürer bis Tintoretto und Tizian. Die tolle Nachricht: Für eine Jahreskarte zu 29 Euro darf man nicht nur in diese heiligen Hallen der abendländischen Kunstgeschichte, sondern auch in sechs weitere zum Haus gehörende, hochkarätige Museen, als da wären: die in punkto Kronjuwelen einzigartige Schatzkammer, die Sammlungen für Alte Musikinstrumente und Rüstungen (beide in der Neuen Burg), das Völkerkunde-, Theater- sowie das Schönbrunner Kutschenmuseum, genannt Wagenburg. Ersparnis für eifrige Museumsgänger im Vergleich zu sieben Einzeltickets: stolze 56 Euro! *Di–So 10–18, Do bis 21 Uhr | Maria-Theresien-Platz | Tel. 525 24 40 25 | www.khm.at | U2, 3, Volkstheater | 1. Bezirk*

Insider Tipp LOBMEYR 🐷 [133 D3]
Die Lüster der Firma Lobmeyr schmücken unter anderem den Kreml, die New Yorker Met und diverse saudische Paläste. Die hauseigenen Kreationen haben in die Sammlungen vieler Kunstgewerbemuseen Eingang gefunden. Der Familienbetrieb, gegründet 1823, gilt als einer der europaweit führenden Erzeuger exquisiter Kristallleuchter, Spiegel und Gläser. Einen Querschnitt über das Schaffen der inzwischen sechs Künstlergenerationen bietet das im zweiten Stock des Stammgeschäfts in der Kärntner Straße eingerichtete Glasmuseum. Zu sehen sind unter anderem feine Weinkaraffen, schöne Zierteller, filigrane Konfektaufsätze. Es ist zu den Geschäftszeiten frei zugänglich. *Eintritt frei | Mo–Fr 10–19, Sa bis 18 Uhr | Kärntner Straße 26 | Tel. 512 05 08 88 | Führungen durch die 10 Gehminuten entfernten Werkstätten in Wien 3, Salesianergasse, bei Anmeldung eine Woche im voraus gegen einen Unkostenbeitrag möglich | www.lobmeyr.com | U1, 3 Stephansplatz | 1. Bezirk*

MUSEUM AUF ABRUF MUSA 🐷 [132 A1]
Jeden Donnerstag von 17–18 Uhr und auch nach persönlicher Vereinbarung wird im Museum auf Abruf eine kostenlose Führung durch die aktuelle Ausstellung geboten. MUSA, die von der Stadt Wien betriebene Sammlung für zeitgenössische Kunst, ist gleich neben dem Rathaus daheim und umfasst über 20 000 Werke von rund 3500 jungen Wiener Kunstschaffenden. In wechselnden Ausstellungen zeigt das Museum jeweils einen Ausschnitt aus der Sammlung – und bietet so einen guten Überblick über die Wiener Kunstszene der vergangenen Jahrzehnte. *Eintritt frei | Di, Mi, Fr 11–18, Do 11–20, Sa 11–16 Uhr | Felderstraße 6–8 | Tel. 400 08 400 | www.musa.at | U2 Rathaus, Straßenbahn D, 1, 2 | 8. Bezirk*

Bild: Zerbrechlich, glänzend, wunderschön anzusehen – Glaswelten bei Lobmeyr

KULTUR & EVENTS

26 | 27

MUSEUM OF YOUNG ART [132 C1]

Das 2005 eröffnete Museum ist ein Forum für junge Kunst. Es zeigt Werke aus allen Genres, in jüngster Zeit etwa Aquarelle und Karikaturen, Fotografie, Ölmalerei oder Papier-Scherenschnitt. Das ehrgeizige Ziel: ein neues Publikum für zeitgenössisches Schaffen begeistern. **Schwerpunkte bilden Nachwuchstalente** aus Ländern, die vom europäischen Kunstmarkt – noch – wenig wahrgenommen werden. *Eintritt frei | Öffnungszeiten variieren | Renngasse 4 | Anruf empfehlenswert: Tel. 535 19 89 | www.moya-vienna.at | U2 Schottentor | 1. Bezirk*

Insider Tipp

WIENER WERKSTÄTTE-MUSEUM [133 D4]

Luxusvorhänge, samtene Stuhlbezüge, feine Stoffe: Das Textilunternehmen Joh. Backhausen & Söhne war „k. u. k. Hoflieferant" und als solcher für die Ausstattung zahlreicher Prunkbauten wie Staatsoper, Burgtheater, Parlament und Schloss Schönbrunn verantwortlich. Im Tiefparterre der Firma dokumentiert ein Museum das Wirken der hauseigenen

CLEVER!

> Chill-out im Museumsquartier

Als einer der weltweit größten Kulturkomplexe ist das Museumsquartier (MQ, **[132 A4–B4]**) für seine Gegenwartsarchitektur und seine hochkarätigen Sammlungen bekannt. In jüngster Zeit haben die Wiener das MQ als Raum zum Ausspannen entdeckt. Ohne einen Cent zu bezahlen, kann man sich in eines der grellen Ruhemöbel fläzen, Boccia oder Schach spielen und ab und zu sogar Live-Bands oder Literaten lauschen. Für Kinder gibt's sommers einen Spielplatz und bisweilen Feste. Doch noch Lust auf Museum? Das Museum für moderne Kunst (MUMOK) etwa bietet Werke der klassischen und zeitgenössischen Moderne. Das Leopold Museum zeigt Kunst der Frühmoderne und des Expressionismus und viele Schiele-Bilder. *MUMOK tgl., Leopoldmuseum Mi-Mo 10–18, Do bis 21 Uhr | Museumsplatz 1 | Tel. 523 58 81 (in Österreich 0820/ 600 600) | ww.mqw.at | U2 Volkstheater oder Museumsquartier | 7. Bezirk*

> **www.marcopolo.de/wien**

und befreundeten Textilkünstler von der Zeit des Historismus über den Jugendstil bis heute. *Eintritt frei | Mo–Fr 10–18, Sa 10–17 Uhr | Schwarzenbergstraße 10, Zugang zum Museum über: Backhausen interior design | Tel. 51 40 40 | www.backhausen.com | Straßenbahn 2, D, U 4 Stadtpark | 1. Bezirk*

MUSIK

ARENA [151 E2]

In den Ziegelbauten der Arena treten internationale Superstars und Nachwuchstalente auf, steigen regelmäßig Riesenpartys, Clubbings, Solidaritäts-Events. 35 Jahre ist die spektakuläre Besetzung des ehemaligen Schlachthofes von St. Marx nun schon her – sie war ein Meilenstein in der Chronik der Wiener Jugend- und Alternativszene. Der revolutionäre Elan von einst ist verebbt. Doch ein Teil des weitläufigen Geländes ist immer noch Revier der kreativen Szene. Im Sommer wird das 400 m² große Wiesengelände zu Füßen des weithin sichtbaren Schornsteins zum Open-Air-Areal. Im Innenhof findet dann stimmungs- und qualitätsvolles Sommerkino statt. Und all das wird, da nicht auf Gewinn gerichtet, zu äu-

ßerst moderaten Preisen geboten. *Tickets für Konzerte ab 6, fürs Kino im Vorverkauf ab 5 Euro | Infos & Karten: Verein Forum Wien Arena | Büro Mo–Fr 11–7 Uhr | Tel. 798 85 95 | www.arena.co.at | Arena Beisl: Di–So 16–24, Mo 17–24 Uhr | Tel. 798 33 39 | www.arenabeisl.at | beide: Baumgasse 80 | U 3 Erdberg | 3. Bezirk*

AUGUSTINERKIRCHE 🐷 [132 C3]

Lust auf Kirchenmusik? Die Augustinerkirche ist weit über die Landesgrenzen hinaus bekannt für ihren feierlichen, von Musik begleiteten Gottesdienst. Jeden Sonntag und an kirchlichen Feiertagen (außer Juli und August) bringen Chor und Orchester des Hauses eine Festmesse zu Gehör. Im Mittelpunkt stehen im allgemeinen die heimischen Komponistengrößen von Haydn und Mozart bis Beethoven, Schubert und Bruckner. Manchmal steht als Schirmherr der neue Musikchef der Staatsoper, Franz Welser-Möst, höchstpersönlich am Pult. *Eintritt frei | jeden So um 11, an Feiertagen meist 18.30 Uhr | Augustinerstraße 3 | Tel. 533 70 99 90 oder unter www.augustiner.at | U 3 Herrengasse | 1. Bezirk*

Insider Tipp

EHRBARSAAL [143 D5]

Es lesen Stars wie Peter Simonischek oder Anne Bennent. Ensembles wie das Hugo Wolf Quartett oder die Vienna Clarinet Connection haben schon hier gespielt: Der 1876 eröffnete Konzertsaal ist ein architektonisches Juwel und schon fast ein Stück Musikgeschichte. Im Ehrbarsaal waren u. a. schon Brahms, Bruckner und Mahler zu Gast. Seit 2005 treten in dem zuvor jahrzehntelang im Dornröschenschlaf versunkenen Saal wieder regelmäßig namhafte Musiker und Schauspieler auf – eine rare Gelegenheit, Kammermusik, Liedgesang und Rezitation auf höchstem Niveau zu vergleichbar günstigen Preisen zu erleben. *Karten ab 18 Euro | Konzertsaison: Sept.–Juni | Kartenbüro: Mo, Di 10–14, Mi 14–17 Uhr | Heumühlgasse 11 | Tel. 585 08 88 | www.stadtinitiative.at | U4 Kettenbrückengasse | 4. Bezirk*

K. U. K. BURGMUSIK [132 C2]

Nostalgie live: Wie einst zu „Kaisers Zeiten" ziehen von Ende April bis Mitte Oktober jeden Samstag die Original Hoch- und Deutschmeister

CLEVER!

> Gratis-Eintritt ins Museum

19 städtische Museen und Gedenkstätten bieten Kindern und Jugendlichen bis 19 J. generell und allen Erwachsenen jeden ersten Sonntag im Monat in ihre Dauerausstellungen freien Eintritt und für die Sonderschauen ermäßigte Ticketpreise. Die Themenpalette: vom Uhren- und Pratermuseum über die Römischen Ruinen und die Hermesvilla bis zu den Gedenkräumen für Beethoven, Haydn, Schubert, Strauß sowie das Mozarthaus in der Domgasse. Highlight dieses Verbundes der städtischen Sammlungen ist das Haupthaus am Karlsplatz, das sich sowohl der Kunst als auch der Historie Wiens widmet. Alle Adressen und Infos zu den einzelnen Museen unter *www.wienmuseum.at*
Das MAK, das Museum für Angewandte Kunst, ist samstags frei zugänglich. *Sa ganztägig Eintritt frei, regulär 7,90 Euro | Mi–So 10–18, Di bis 24 Uhr | Stubenring 5 | Tel. 71 13 60 | www.mak.at | U3 Stubentor | 1. Bezirk*

> *www.marcopolo.de/wien*

KULTUR & EVENTS

in ihren blauen Uniformen vom Graben in den Inneren Burghof – mit Musik und Melodien etwa von Franz Lehár, Robert Stolz und Johann Strauß. Die Kapelle formiert sich um 11 Uhr in der Altstadt beim Kaufhaus Meinl, Ecke Kohlmarkt/Graben, um dort aufzuspielen und anschließend musizierend durch Michaeler- und Inneres Burgtor in die Hofburg zu marschieren. Dort geben die 35 Herren mit ihren Spezialinstrumenten ein 40-minütiges Ständchen. *Eintritt frei | Ende April–Mitte Okt. jeden Sa 11 Uhr | Treffpunkt: Graben 19 | www. deutschmeister.at | U3 Herrengasse | 1. Bezirk*

LEBENSBAUMKREIS AM HIMMEL 🐷   [152 C2]

In der Wiese liegen und der Musik lauschen: Auf der Himmelwiese am Kahlenberg ist das möglich. Rund um den Lebensbaumkreis, einem mit 40 verschiedenen Bäumen bepflanzten spirituellen Kraftort, sorgen an Sonntag-Nachmittagen klassische oder auch jazzige Töne aus 40 Lautsprechern zusammen mit einem grandiosen Stadtblick für große Gefühle. *Frei zugänglich | ganzjährig So nachm., teilw. auch Sa | Am Him-*

mel – Himmelstraße/Ecke Höhenstraße | www.himmel.at | Bus 38A Cobenzl, dann 10 Min. zu Fuß | 19. Bezirk

MUSIKMEILE WIEN 🐷

Mehr als 80 im Boden eingelassene Marmorsterne mit Namen von Musikstars, die zu Wien in enger Beziehung standen, markieren diesen musikalischen Pfad, den die Stadtväter im Jahr 2001 zum 200. Geburtstag des Theaters an der Wien einrichten ließen. Wer diesen Walk of Fame der klassischen Musik abschreitet, begegnet Komponisten wie Haydn und Mozart, Liszt, Wagner und Strauß, Tschaikowskij und Mahler, aber auch Dirigenten wie Furtwängler oder Bernstein. Audio-Führungen gibt es gratis auf der Website. *Eintritt frei | Verlauf: Theater an der Wien bis Stephansdom | www.musikmeile.at | U4 Kettenbrückengasse bis U1, 3 Stephansplatz | 6. bzw. 1. Bezirk*

MUSIKVEREIN   [133 D5]

Vom Stehplatz aus kann man im Musikverein für 5 Euro Spitzenkonzerte erleben. Der vor gut 130 Jahren vom Ringstraßenarchitekten Theophil von Hansen geschaffene Bau besitzt mit dem Goldenen Saal den Konzertraum mit der wahrscheinlich besten Akustik der Welt. Kein Wunder, dass sich hier alle großen Dirigenten, Solisten und Orchester der Welt die Ehre geben. Ebenfalls für nur wenige Euro gibt's Karten für Konzerte im Brahmssaal bzw. in den vier kleinen, sehr modernen Konzertsälen im Keller. *Karten ab 5 Euro | Tageskasse: während der Saison Mo–Fr 9–20, Sa 9–13 Uhr, Abendkasse bei Eigenveranstaltungen ab 1 Std. vor Konzertbeginn | Bösendorferstraße 12 | Tel. 505 81 90 | www.musikverein.at | U 1, 2, 4 Karlsplatz | 1. Bezirk*

SÄNGERKNABEN & PHILHARMONIKER [132 C2]

Einmal die Wiener Sängerknaben hören – auch das geht in Wien mit etwas Glück umsonst: Vor über 500 Jahren wurde die Wiener Hofmusikkapelle gegründet. Das Ensemble besteht aus den Sängerknaben, der Choralschola sowie Mitgliedern der Philharmoniker und des Herrenchors der Staatsoper und ist für die Musik während der Heiligen Messen in der Burgkapelle der Hofburg verantwortlich. Kaufkarten, darunter Hörplatzkarten ohne Sicht für 5 Euro, bestellt man am besten Wochen im voraus *(Tel. 533 99 27 27, Postkarte oder direkt online unter www.wsk.at, per E-Mail unter whmk@chello.at)*. Stehplätze werden ab 8.30 Uhr gratis an der Tageskasse ausgegeben. Im Vorraum kann man gratis via Bildmonitor der Messe beiwohnen. *Ausgabe der Kaufkarten an der Kasse der Kapelle: Fr vor Messetermin 11–13 und 15–17, So 8.15–8.45 Uhr | Schweizerhof/Hofburg | Tel. 533 99 27 | www.hofburgkapelle.at | U3 Herrengasse | 1. Bezirk*

SOMMERNACHTSKONZERT DER WIENER PHILHARMONIKER [146 C3]

Jedes Jahr an einem Abend im Spätfrühling demonstriert Wiens Vorzeigeorchester Nummer eins im Rahmen des Sommernachtskonzerts vor der grandiosen Kulisse des Gartenparterres von Schloss Schönbrunn seine einzigartige Klangkultur. Der Eintritt für dieses auch live im Fernsehen übertragene Open-Air-Event ist frei. Zehntausende Zuhörer kommen jedes Jahr, um den Musikern zuzuhören. *Schloss Schönbrunn, Schlosspark | www.sommernachtskonzert.at | Hotline während des Konzerttags: Tel. 08 20 20 01 66 | U 4,*

> **www.marcopolo.de/wien**

KULTUR & EVENTS

Straßenbahn 10, 58 Schönbrunn | 13. Bezirk

SONNTAGSKONZERTE IM PRATER
Bier- und Welt-Würstel-Tage, eine Jonglierwerkstatt, ein Erntedankfest, der große Praterrummel und ein Wochenende unter dem Motto „time4wine" – der Wiener Prater bietet im Sommer eine Reihe von kostenlosen Veranstaltungen. Jeden Sonntagmittag wird, vor dem Riesenrad oder in anderen Lokalitäten, zum Gratiskonzert geladen. Schwerpunkte sind Operetten- und Wienerlieder, Schrammel- und Schlagermusik, bisweilen wird's aber auch jazzig und latino-exotisch. *Anf. Mai–Anf. Okt., jeden So 12–13.30 Uhr an unterschiedlichen Praterlokalitäten | www.wien-event.at/prater oder www.prater.wien.info | U1 Praterstern, U2 Messe/Prater | 2. Bezirk*

OPER, THEATER & KLEINKUNST

BURG- UND AKADEMIE-THEATER [132 B1–2] u. [133 E5]
Traditionelles, Aktuelles, manchmal auch Skandalöses: Das Burgtheater

Hier wird richtig Theater gemacht: das berühmte Burgtheater an der Ringstraße

ist seit Jahrzehnten *das* Theater in Wien. Mit etwas Glück ergattern Sie Eintrittskarten für 8, 5 oder gar 4 Euro. Gleiches gilt für die Dependance der „Burg", das vom selben Spitzenensemble bespielte, aber intimere Akademietheater. Von den Stehplätzen aus sieht man tadellos, ein Restkontingent wird am Tag der Vorstellung an der Abendkasse verkauft – für gerade 2 Euro. Glück für Kurzentschlossene: Eine Stunde vor Vorstellungsbeginn bekommt man in beiden Häusern ==alle Karten zum halben Preis!== *Kartenverkauf: Mo–Fr 8–17 Uhr jeweils ab dem 20. des Vormonats für den gesamten Folgemonat. Vorverkaufskasse: siehe Staatsoper S. 35; Abendkasse direkt in den Theatern | Burg: Dr.–Karl–Lueger–Ring 2 | Tel. 51444 41 45 od. 513 29 672 9 67 | www.burgtheater.at | U3 Herrengasse | Straßenbahn 1, D Burgtheater | 1. Bezirk | Akademie: Lisztstraße 1 | Tel. 5144 44 740 | U4 Stadtpark | 3. Bezirk*

Insider Tipp

CAFÉ GSCHAMSTER DIENER [148 B1]

In diesem gemütlichen Vorstadt-Kaffeehaus gibt es am 30. des Monats und an weiteren Terminen das Spektakel mit dem Motto: „Ihr Auftritt bitte!" Dann geben mehr oder weniger talentierte Amateure Prosatexte, Vorträge, Gedichte und Anekdoten, Musik und Kabarett zum Besten. Der Eintritt ist grundsätzlich frei! Wer für die Kunstdarbietung den falschen Tag erwischt, der hat vielleicht mit diesem besonderen Angebot Glück: Montag und Donnerstag von 14.30–16.30 Uhr erhält man zum Heißgetränk eine hausgemachte Mehlspeise gratis dazu. *Eintritt frei | Mo–Sa 9–24, So 10–23 Uhr, feiertags sowie Juli und Aug. Sa geschlossen | Stumpergasse 19 | Tel. 597 25 28 | www.gschamsterdiener.com | Bus 57A Kurt-Pint-Platz | 6. Bezirk*

L. E. O. [144 B4]

Kleinkunst der besonders charmantheiteren Sorte: Das Letzte Erfreuliche Opernthater L.E.O. bietet im winzigen Rahmen große Oper, manchmal aber auch Operetten oder musikalische Revuen in Minimalversion – mit einem Pianisten-Conferencier und ein bis drei Sängern und Sängerinnen. Als Chor fungiert das maximal 50-köpfige Publikum, das dafür mit Schmalzbroten, Wein und anderen Getränken gratis verköstigt wird. Amusement ist bei diesen Ver-

> **www.marcopolo.de/wien**

KULTUR & EVENTS

anstaltungen garantiert! *Tickets kosten 20–25 Euro, inklusive Getränke und Verköstigung mit Schmalzbroten | Ungargasse 18 | Tel. 712 14 27 | www.theaterleo.at | Straßenbahn O Sechskrügelgasse | 3. Bezirk*

STAATS– UND VOLKSOPER [132 C4]

Das „Haus am Ring" symbolisiert beeindruckend Wiens Rang als Musikmetropole. Top-Tickets kosten 240 Euro. Doch Sitze mit eingeschränkter Sicht – empfehlenswert zum Beispiel die Plätze 5 und 6 in den Logen im Parterre und Ersten Rang – sind schon für 8 Euro zu bekommen. Stehplätze kosten nur 3 oder 4 Euro. Für sie muss man bei begehrten Aufführungen freilich vor Kassenöffnung (80 Min. vor Vorstellungsbeginn) eventuell Schlange stehen. Die Volksoper als „kleine" Schwester ist vor allem zuständig für Spieloper, Singspiel, Musical und Operette und dabei von beinahe gleichwertiger Qualität. Hier kosten Stehplätze nur 2 bis 3 Euro. *Karten ab 2–3 Euro | Staatsoper: Ticketverkauf jeweils zwei Monate vor dem Vorstellungstag, z. B. am 1.9. für 1.11., Opernring 2 | www.staatsoper.at | U 1, 2, 4 Karlsplatz | 1. Bezirk | Volksoper: Ticketverkauf ab dem 1. des Monats für Vorstellungen des gesamte Folgemonats, d.h. ab 1.9. für Okt. | Währinger Straße 78 | www.volksoper.at | Straßenbahn 40–42, U 6 Währinger Str./Volksoper | 9. Bezirk | Vorverkauf auch bei den Bundestheaterkassen | Mo–Fr 8–18, Sa, So, Feiertag 9–12 Uhr | Tel. 514 44 78 80 | www.bundestheater.at | U 1, 2, 4 Karlsplatz | Abendkassen im jeweiligen Haus*

THEATER NESTROYHOF HAMAKOM [140 A5]

Experimentell und spannend: Das über 100 Jahre alte Theater im Nestroyhof ist heute Bühne für (inter)kulturelle Begegnungen. Eigenproduktionen, nationale und internationale Gastspiele setzen sich kritisch und phantasievoll mit aktuellen Themen auseinander. Die Inszenierungen bieten oft einen Mix aus Literatur, Film und Musik. *Tickets 18, im Salon 10 Euro| Nestroyplatz 1 | Tel. 890 03 14 | www.hamakom.at | U 1 Nestroyplatz | 2. Bezirk*

VHS & STERNWARTE URANIA [133 F1]

Seit 1910 wird in diesem markanten Bau von Jugendstilarchitekt Max Fa-

34 | 35

biana Volksbildung im besten Sinne betrieben. Wer einen Abend lang in exotische Weltgegenden oder die Tiefen der Wissenschaften entschwinden will, findet günstige Angebote: Vorträge, Multimedia-Schauen, Filmwochen, Kreativ-Workshops, Führungen und astronomische Beobachtungen am Fernrohr. Die Eintrittspreise sind äußerst sozial – Kinder kommen schon für 4 Euro rein! *Sternwartenbesuch Erw. 6 Euro | Auskünfte Mo–Fr 9–20 Uhr | Tel. 7126191 | www.urania. vhs.at bzw. www.urania-sternwarte. at | Uraniastraße 1 | U1, 4 Schwedenplatz | 1. Bezirk*

WUK [138 C3]

Das selbstverwaltete Werkstätten- und Kulturhaus (WUK) bietet Künstlern aller Genres eine Bühne – und den Gästen abwechslungsreiche und günstige Unterhaltung. Ob Kleinkunst, Pop-, Indierock-Konzerte oder Lesungen, schräge Partys, Theater- oder Tanzperformances – das Programm ist spannend und bietet Events für jede Altersklasse. Angeschlossen: Fotogalerie, Kunsthalle und Ateliers, Umweltbüro, Statt-Beisl, Frauenzentrum, Fahrradwerkstatt u.v.m. *Die Eintrittspreise variieren von 0–13 Euro | Währinger Straße 59 | Tel. 401210 | www.wuk.*

CLEVER!

> *Die Stars von morgen erleben*

Aktuelle Kunst kann man gut in den kleinen Galerien erleben. *www.kunstpresse.at, www.artmagazine.cc, www.kunstnet.at*

Einige empfehlenswerte Galerien:
Christine König [143 E5]**:** *Di-Fr 11-19, Sa 11-16 Uhr | Schleifmühlgasse 1a | www.christinekoeniggalerie.com | U4 Kettenbrückengasse | 4. Bezirk*

Heike Curtze [133 D3]**:** *Di-Fr 11-19, Sa 12-16 Uhr | Seilerstätte 15 | www.heikecurtze.com | U 1, 3 Stephansplatz | 1. Bezirk*

Grita Insam [133 E3]**:** *Di-Fr 12-18, Sa 11-16 Uhr, Juli und August Sa geschl. | An der Hülben 3 | www.galerie gritainsam.at | U1, 3 Stephansplatz | 1. Bezirk*

> **www.marcopolo.de/wien**

KULTUR & EVENTS

at | U6 Volksoper, Straßenbahn 5, 33, 37, 38, 40–42 | 9. Bezirk

ZEITGESCHICHTLICHES
JÜDISCHES ERBE

Es gibt nur wenige Metropolen in Europa, deren Entwicklung so eng mit der jüdischen Geschichte verbunden ist wie Wien. Wer sich auf Spurensuche begeben möchte, beginnt am besten mit einer Führung im Stadttempel. Der wurde von dem Architekten Josef Kornhäusel entworfen und 1938 als einzige Synagoge Wiens nicht zerstört. Im Anschluss empfiehlt sich der Besuch des Jüdischen Museums im Palais Eskeles. Das Misrachi-Haus neben dem Schoah-Mahnmal auf dem Judenplatz informiert über das Leben der Wiener Juden im Mittelalter, das Dokumentationsarchiv des Österreichischen Widerstands (DÖW) im Alten Rathaus über die Verfolgung durch die Nazis. *Stadttempel* [133 D1]: *Eintritt 3 Euro | nur mit Führung, Mo–Do 11.30 und 14 Uhr | Seitenstettengasse 4 | Personalausweis oder Reisepass mitnehmen! Jüdisches Museum* [133 D2]: *Eintritt 6,50 Euro | So–Fr 10–18 Uhr | Dorotheergasse 11 | Tel. 53 50 43 12 10 |*

www.jmw.at; Misrachi-Haus [132 C1]: *Eintritt 4 Euro | So–Do 10–18, Fr bis 14 Uhr | Judenplatz 8; DÖW* 🐷 [133 D1]: *Eintritt frei | Mo–Do 9–17 Uhr | Wipplingerstraße 6–8 | Tel. 22 89 46 93 19 | www.doew.at; Kombi-Karte für alle drei Adressen 10 Euro | Station für alle: U1, 3 Stephansplatz | 1. Bezirk*

PARLAMENT 🐷   [132 A2]

Videos, Newsticker und interaktive Medienstationen: Im Besucherzentrum des Parlaments kann man sich über die höchste politische Instanz der Republik informieren, mit Hilfe eines Zeitrads in die Geschichte eintauchen oder sich zu einer virtuellen Entdeckungsreise aufmachen. Hier starten auch offizielle Führungen durchs Parlament. *Eintritt ins Besucherzentrum frei, Führungen kosten 4 Euro | Mo–Fr 8.30–18.30, Sa 9.30–16.30 Uhr | Führungen Mitte Juli bis Mitte Sept. Mo–Sa 11–16 Uhr zu jeder vollen Std., sonst Mo–Do 11, 14, 15, 16, Fr auch 13, Sa auch 12 Uhr | an Feier- und Sitzungstagen geschlossen | Dr.–Karl–Renner–Ring 3 | Tel. 401 10 24 00 | www.parlament.gv.at | Straßenbahn 1, 2, D | 1. Bezirk*

> Machen Sie's wie die Wiener – die verbringen das Wochenende gern draußen, am Wasser, beim Sport

Wussten Sie, dass man in der Donau auch baden kann? Dass vor den Toren der Stadt einer der spannendsten Nationalparks Österreichs liegt? Und dass Wiener Familien das Wochenende gern im Augarten oder auf der Donauinsel verbringen?

Wien ist grün, in der City und an seinen Rändern. Und: Ausflüge in die Natur kosten im allgemeinen nur so viel wie das U- oder S-Bahn-Ticket. Wir führen Sie in den Nationalpark Donauauen, zum Weinwanderweg und zu besonders schönen Plätzen am Wasser. Stellen Aussichtspunkte vor, die nichts kosten, und Architekturdenkmäler, die einzigartig sind, wie etwa das Hundertwasserhaus im 3. Bezirk. Auch sportlich gesehen bietet Wien kostenfreies Programm: Packen Sie Ihre Inlineskates ein und sausen Sie Freitag nachts mit den Wienern über die Ringstraße. Auch klettern kann man gratis. Und für junge Leute gibt's Yoga-Stunden zum Preis von einem Euro. Das ist Ihnen alles viel zu normal?

Auch für verrücktere Erlebnisse finden Sie auf den folgenden Seiten Tipps: Quadrille tanzen unter freiem Himmel? Im Kaffeehaus eigene Gedichte vortragen? Wir wünschen viel Spaß beim Ausflug in Wiens viele, spannende Welten.

MEHR ERLEBEN

AUSSICHTEN

ART WALKS

Hier und da registriert man vielleicht eines der Objekte im Vorübergehen, doch allzu oft bleiben sie unbeachtet: Die Rede ist von Kunst im öffentlichen Raum. Um ihr gebührend Tribut zu zollen, hat die Initiative KÖR (Kunst im Öffentlichen Raum Wien) einen ausgezeichneten Folder namens Art Walks produziert. Er liegt seit Herbst 2010 in allen Museen und rund um den Karlsplatz, in der Wien-Info im Rathaus, den Tourist-Info-stellen und vielen Hotels kostenfrei aus. 45 Open-Air-Kunstwerke sind darin detailliert erläutert und, durch Straßenkarten ergänzt, zu Sightsee-ing-Rundgängen gruppiert. Unter den vertretenen Künstlern sind Welt-stars wie Henry Moore, Donald Judd und Tony Cragg, aber auch heimische Größen wie Alfred Hrdlicka, Fritz Wotruba und Franz West. Eine lohnenswerte Sache!

BAHNLINIE S 45

Insider Tipp

Die auch als Vorortelinie bekannte Schnellbahn S 45 eröffnet ungewohnte Perspektiven auf die westlichen Außenbezirke. Die 17 km lange Strecke zwischen Hütteldorf und Handelskai wurde von Otto Wagner, Wiens Stararchitekt der Gründerzeit, geplant. Die Stationsgebäude, Brücken, Über- und Unterführungen sind ein prächtiges Jugendstil-Gesamtkunstwerk. Während der Fahrt auf der meist in Hochlage verlaufenden Trasse sieht man schöne Parks, Bäder, Friedhöfe und um 1900 entstandene Wohn- und Villenviertel vorüberziehen. Tipp: Für den schönsten Teil der Strecke ab Penzing zusteigen, fünf Gehminuten von der U4, Station Hietzing. *Ticket für 1,80 Euro, Betrieb: tgl. 5–24 Uhr in 10–15-minütigen Intervallen | Tel. 08 10 22 23 24 | www.vor.at | 14. und 16.–19. Bezirk*

BAHNORAMA [149 F3]

Bis zum Jahr 2015 entsteht am Südrand des Stadtzentrums, unweit des Belvedere, Wiens neuer Hauptbahnhof, eine künftig zentrale Drehscheibe für den Zugverkehr zwischen West- und Mitteleuropa. Die Mega-Baustelle, eine der gegenwärtig größten auf dem Kontinent, umfasst auch ein hypermodernes Stadtviertel. Über dieses derzeit bedeutendste Infrastrukturprojekt Wiens und den Baufortgang können sich Interessierte in einem 550 m² großen Ausstellungszentrum informieren. Dessen im doppelten Wortsinn überragendes Element ist ein 66 m hoher Turm mit einer per verglastem Panoramalift erreichbaren Aussichtsplattform, die einen atemberaubenden Rundblick auf die Großbaustelle bietet. Im zugehörigen Café Bahnorama bekommt man tgl. von 8–22 Uhr Erfrischungen und kleine Speisen und Mo–Fr von 11.30–14 Uhr zu 5,90 Euro einen leckeren – auf Wunsch auch vegetarischen – Business Lunch. *Aussichtsturm: Eintritt zur Aussichtsplattform frei | Ende Okt.–Ende März 8–18, Sommerhalbjahr 8–22 Uhr | www.hauptbahnhof-wien.at | Favoritenstraße 49-53 | U 1 Südtiroler Platz | 10. Bezirk*

GASOMETER [151 F3]

Sie sind eindrucksvolle Landmarken der Industriearchitektur aus der Zeit um 1900 und lohnen einen Abstecher in den touristisch sonst wenig attraktiven Südosten: Die vier aus Ziegeln gemauerten Türme des ehemals größten Gaswerks Europas wurden vor ein paar Jahren aufwändig umgebaut. Für die spektakuläre Metamorphose zu Wohnhäusern waren gleich vier Architekten verantwortlich, darunter das Wiener Büro Coop Himmelb(l)au. Der futuristische Komplex umfasst auch eine Shoppingmall, 16 Lokale, zwölf Kinosäle und eine riesige Veranstaltungshalle. Eine Zusatzattraktion ist der sogenannte Walk of Stars, der quer durch die Ga-

> *www.marcopolo.de/wien*

MEHR ERLEBEN

someter verläuft. Hier können Besucher in Beton gegossene Hand- und Fußabdrücke von Größen der Pop-, Rock-, Jazz- und Volksmusik entdecken. *Eintritt frei | Guglgasse | www.walk-of-stars.com | U3 Gasometer | 11. Bezirk*

HUNDERTWASSER ERLEBEN [144 C3]

Bäume auf Balkonen und Dächern, gekrümmte Wände, kunterbunte Fassaden: Friedensreich Hundertwasser, der Meister des naturnahen Bauens, schuf in den 1980ern mit dem Hun-

Schöner fahren: Jugendstil-Bahnhof der Vorortelinie S 45, entworfen von Otto Wagner

40 | 41

dertwasserhaus ein viel bestauntes Stück Öko-Architektur, das allerdings nur von außen zu besichtigen ist. Im drei Gehminuten entfernten Kunst-Haus-Wien wartet – neben interessanten Sonderausstellungen – die weltweit einzige permanente Präsentation seines umfassenden Wirkens. Montags kostet das Ticket nur den halben Preis! Die originelle Deko-Architektur des Meisters kann man aber auch direkt vis-à-vis in der Einkaufspassage Kalke Village beziehungsweise in der Toilet of Modern Art bestaunen. Absolut sehenswert! *Wohnhaus: Kegelgasse 34–38, Ecke Löwengasse | Kalke Village: Kegelgasse 37–39 | Mo–Fr 10–18, Sa bis 17 Uhr | Kunst-Haus-Wien* [144 B2]: *Eintritt Mo (ausgenommen Feiertage) 4,50, sonst, Kombi-Ticket mit Sonderschauen 12 Euro, tgl. 10–19 Uhr | Untere Weissgerberstraße 13 | Tel. 7120491 | www.kunsthauswien.com | alle: Straßenbahn 1 Hetzgasse | 3. Bezirk*

NATUR ERLEBEN
ALTE DONAU

Besonders stadtnah und idyllisch ist die Alte Donau. Zehn U-Bahn-Minuten vom Stephansdom, unweit der Uno-City, hat sich an den Ufern dieses vor rund 130 Jahren vom Hauptstrom getrennten Gewässers ein herrlich altmodischer Freizeitbetrieb mit gemütlichen Ausflugslokalen erhalten. Über ein Dutzend Gastronomiebetriebe und Bootsverleiher haben in der warmen Jahreszeit geöffnet. Letztere bieten jeweils 3- bzw. 5-Stunden-Karten für Bootsfahrten an, womit man über ein Drittel des Normaltarifs spart. Zentraler Ort für Erholungssuchende ist das Städtische Strandbad Gänsehäufel. Frei zugängliche, über Wiesenufer, Stege und Pontons erreichbare Badeplätze finden sich vor allem am Nordufer, östlich der Wagramer Straße, der sogenannten Unteren Alten Donau. *Infos: www.alte-donau.info, www.gaensehaeufel.at | U1 Alte Donau | 21., 22. Bezirk*

EXKURSIONEN IN DIE DONAUAUEN [143 F1]

Das ganze Jahr über kann man den Wiener Teil des Nationalparks Donauauen im Rahmen geführter Gratis-Touren per pedes oder Rad erkunden. Entlang der Route warten u. a. ein Bibergehege, Waldschule und Biberstation. Die Flussarme, Tümpel,

> www.marcopolo.de/wien

MEHR ERLEBEN

weiten Wiesen und dichten Wälder dieser urwüchsigen Landschaft sind Lebensraum seltener Vögel, Insekten, Fische und Pflanzen. Der Nationalpark Donauauen ist eine ursprüngliche Naturlandschaft, ein wundersamer „Dschungel". Spannende Alternative zu den Gratis-Touren sind Anfang Mai–Ende Oktober Exkursionen an Bord der Nationalpark-Boote (9 Euro). *Gratisführungen | Infos & Anmeldung: Mo–Fr 8–18 Uhr unter Tel. 400 04 94-80 | www.donauauen.at | Bootstouren: Tickets: 10 Euro | Mindestteilnehmerzahl: 5 Personen | Abfahrt: Donaukanal/Salztorbrücke | U2, 4 Schottenring, Straßenbahn 1, 2 | 1. Bezirk | Nationalparkhaus wien-lobAU* [153 E3]*: mit div. Multimediaschauen und Hör-Ausstellung ton AU | Eintritt frei | geöffnet Anf. März–Ende Okt., Mi–So 10–18 Uhr | Dechantweg 8 |Tel. 400 04 94 95 | www.nph-lobau.wien.at | U1 Leopoldau, Bus 93A Oberdorfstraße | 22. Bezirk*

FKK LOBAU 🐗

Die urwüchsige Aulandschaft Lobau im Osten Wiens ist ein frei zugängliches Refugium für Naturliebhaber. Wer FKK mag, steuert die Dechant-lacke, einen idyllischen See (Wien 22, Zugang vom Hubertusdamm), oder den unvollendeten Donau-Oder-Kanal (in Groß-Enzersdorf) an. *Dechantlacke* [153 E3]*: U1 Kaisermühlen, ab da Bus 91A Roter Hiasl | 22. Bezirk | Donau-Oder-Kanal* [153 F3]*: U1 Kagran, ab da Bus 26A Endstation | Groß-Enzersdorf*

LAINZER TIERGARTEN 🐗 [152 B3–C3]

Das waldreiche, rund 2500 ha große Naturschutzgebiet eignet sich hervorragend für ausgedehnte Wanderungen. Am westlichen Stadtrand gelegen und von einer 21 km langen Mauer umfasst, wird dieses letzte Stück urtümlicher Wienerwald von zahlreichen frei lebenden Wildtieren, etwa Hirschen, Rehen, Mufflons und Wildschweinen, bevölkert. Sechs Waldspielplätze, mehrere Naturlehrpfade und eine Aussichtswarte sorgen für zusätzliche Abwechslung, drei Gastronomiebetriebe für das leibliche Wohl. In der im 19. Jh. für Kaiserin Elisabeth erbauten Hermesvilla veranstaltet das Museum Wien jährlich interessante Sonderausstellungen (5 Euro). Hintergrundinformationen zur Natur des Lainzer Tiergartens vermittelt – u. a. anhand ei-

42 | 43

nes interaktiven Geländemodells – das Besucherzentrum beim Lainzer Tor. *Eintritt frei, Hermesvilla 5 Euro | Öffnungszeiten je nach Saison zwischen 8 und 9 bzw. 17 und 20.30 Uhr | Zutritt über insgesamt sechs Tore, am leichtesten erreichbar sind das Nikolai- und das Lainzer Tor | U4 Hütteldorf, Straßenbahn 60 Hermesstraße*

NAPOLEON-RUNDWANDERWEG

Wer ein Faible für historische Spurensuchen hat und zudem ein Stück naturnahes Wien kennenlernen möchte, für den ist der Napoleon-Rundwanderweg ideal. Im Mai 1809 fügten die Österreicher unter Erzherzog Carl dem kleinen, großen Korsengeneral vor den östlichen Toren Wiens, in der Schlacht bei Aspern und Essling, seine erste empfindliche Niederlage zu. Zum Gedenken wurden später an allen markanten Orten des Geschehens steinerne Obelisken aufgestellt und zudem zwei Museen eingerichtet. Zu ihnen sowie zu Napoleons Hauptquartier, dem Friedhof der Franzosen und anderen neuralgischen Punkten des blutigen Geschehens führt dieser Rundwanderweg, der, ganzjährig frei zugänglich, völlig eben, bestens beschildert und 11 km lang, zur Gänze durch das zum Nationalpark gehörige Schutzgebiet Lobau mäandert. *Informationen, Wanderkarte (2 Euro) und ein Folder zur Historie sind erhältlich über die Forstverwaltung Lobau | Tel. 400 04 94 80 | pe-lob@m49.magwien.gv.at | die Museen „Aspern 1809" und „Essling-Schüttkasten" sind April–Okt., jeweils So 10–12 Uhr geöffnet | Eintritt frei | Start: Brückenkopf der Franzosen | U1 Kagran, Bus 91A Lobgrundgasse | 22. Bezirk*

SPORT

DONAUINSEL

Wiens meist frequentiertes Naherholungsgebiet ist in den 1970er-Jahren entstanden, als man der Donau zwecks dauerhaftem Hochwasserschutz ein parallel verlaufendes „Entlastungsgerinne" grub. Als eine Art Binnenadria ist die 200 m breite und über 20 km lange künstliche Insel das Idealrevier für Aktivsportler. Hier kann man alle nur erdenklichen Sportarten, vom Radfahren, Joggen, Skaten und Skateboarding bis zum Streetsoccer, Fuß-, Basket- und Beachvolleyball, ausüben. Als Le-

Bild: Auf der Donauinsel – die Walking-Gruppe macht sich schon mal warm

MEHR ERLEBEN

44 | 45

bensadern dieses Freizeitparadieses, das sich mittlerweile, je weiter man sich vom zentralen Bereich nahe der U-Bahn-Station wegbewegt, wieder als sehr naturbelassen erweist, fungieren die asphaltierten Radwege entlang der beiden Ufer. Apropos Beach: Das Nonplusultra für alle, die überfüllte Schwimmbäder und Chlor nicht leiden mögen, sind die hiesigen, insgesamt rund 42 km langen Naturbadestrände. Allgemeine Infos unter *www.wien-konkret.at/bezirke/ donauinsel*

FRIDAY NIGHT SKATING [132 B3]

Von Mai bis September laden die Wiener Grünen jeden Freitag spätabends zum großen Skater-Spektakel in der City ein. Hunderte Inline-Begeisterte rollen dann rund eineinhalb Stunden lang im Pulk quer durch die Nacht, quer durch die Stadt. Und setzen damit zugleich ein politisches Zeichen für umweltfreundliche Mobilität im urbanen Raum. Die Paradestrecken führen vom Ring über die Wienzeile bis nach Schönbrunn und retour oder hinüber an die Alte Donau. Wer mitmachen will, braucht sich nicht einmal anmelden. Einfach zum Treffpunkt kommen und los geht der Spaß! *Eintritt frei | jeden Fr kurz vor 21 Uhr | Abfahrt Heldenplatz | Informationen: Grüner Klub im Rathaus | Tel. 400 08 18 00 | www.nightskating.at | U3 Herrengasse | 1. Bezirk*

GRATIS-KLETTERN

Eine tolle Boulderwand hat man nahe der neuen Park&Ride-Station Spittelau neben dem Donaukanal installiert. Und noch besser: Man kann hier klettern, ohne dafür zu bezahlen. Die Platten sind aus Beton, jeweils unterschiedlich in Neigung und Schwierigkeitsgrad. Gebührenpflichtige Kletteranlagen findet man in Wien einige, etwa unter *www.oeavevents.at*. Informationen zum kostenfreien Klettern unter *www.urbanboulder.com | U6 Spittelau | 9. Bezirk*

INDOOR-SPORT & -FITNESS [153 E3]

Der Name der Sport & Fun-Halle Dusika ist Programm und das Preisniveau unschlagbar niedrig: Badminton, Streetsoccer, Tischtennis, Basket-, Beachvolley- und Tischfußball kann man hier nach Lust und Laune spielen, außerdem wartet ein bestens ausgerüstetes Fitnessstudio auf

> *www.marcopolo.de/wien*

MEHR ERLEBEN

Sportler. *Erw. 4, Kinder 2,50 Euro | Mo–Sa 14–19, So und feiertags 10–19 Uhr | Engerthstraße 267–269, neben dem Radstadion | Tel. 726 56 50 | www.sportundfun.at | Fitnessbereich: 2,50 Euro, Aufschlag auf die Sporthalle: 1 Euro | Mo–Fr 8–21.30, Sa 10–21.30, So, feiertags 10–18.30 Uhr | ab 18 Jahren | U2 Stadion | 2. Bezirk*

WIEN ERLAUFEN 🐷

Vor kurzem wurden Wiens attraktivste Lauf- und Walkingstrecken beschildert und am jeweiligen Ausgangs- und Endpunkt mit sogenannten Running-Checkpoints, die über Länge, Verlauf und Eigenheiten informieren, versehen. Gratis-Pläne mit den schönsten – durchweg frei zugänglichen – Lauf- und Walkingrouten in der Stadt und der nahen Umgebung sind erhältlich unter *www.runningcheckpoint.at*

WELLNESS

BADESCHIFF   [133 E1]

Das ist doch mal was anderes: Ein Frachtschiff, umgebaut zum 30-Meter-Open-Air-Pool, ein zweites unmittelbar daneben: mit Sonnendecks, Gastro-Bar und einem der heißesten Clubs der Stadt im Laderaum. Klar, dass am Ufer ein kleiner Badestrand nicht fehlen darf. Vor Anker liegt die schicke Freizeitinsel am Donaukanal in absoluter Citylage – am Franz-Josefs-Kai zwischen Schwedenbrücke und Urania-Sternwarte. Die Tageskarte kostet 7,50 Euro. Dafür darf man aber, anders als in den städtischen Bädern, so oft kommen und gehen, wie man will. Ideal also für Stadtflaneure und Touristen an heißen Tagen, die ab und an eine kleine Abkühlung brauchen können. *Tageskarte 7,50 Euro | Bad: ca. Mai–Sept. tgl. 10–24 Uhr | Club: Mo–Sa 23–4, davor ab 17 Uhr Clubrestaurant (nicht rauchfrei) | Obere Donaustraße 97 | Tel. 513 07 44 | www.badeschiff.at | U1, 4 Schwedenplatz und verschiedene Nachtbusse | 1. Bezirk*

YOGA FÜR 1 EURO   [152 C2]

Rosi Wagner und ihr Team heißen jeden Freitag von 17–18 Uhr alle 6- bis 25-Jährigen zu einer Schnupperstunde in ihrem Yoga-Zentrum willkommen. Unter Anleitung werden die Körperpositionen und Atemtechniken nach dem Prinzip von Ashtanga alias Power Yoga gezeigt und gemeinsam ausprobiert. Und das **Insider Tipp** ==zum symbolischen Preis von nur einem Euro!== Achtung, keine Jugendstunden in den Schulferien! *1 Euro | Yogazentrum Ashtangavienna | Herbeckstraße 27 | Tel. 06764711427 | www.ashtangavienna.at | Straßenbahn 9, 41, Bus 10A, S45 Gersthof | 18. Bezirk*

ZUM MITMACHEN
AUGARTEN 🐷 [139 F2-4]

Wiens ältester Barockgarten ist ein viel frequentiertes Freizeitparadies sowie Ort der interkulturellen Begegnung. Fünf Kinder- und diverse Ballspielplätze, u. a für Beachvolleyball und Boule, gibt es nebst großflächigen Liegewiesen für jedermann. Außerdem: ein dichtes Wegenetz für Walker und Jogger, ein Kinderfreibad, dazu Freiluftkino, Bezirksfeste, Partys, Diskussionsforen und vieles mehr. Der Augarten macht im Sommer Spaß und viel Programm. Zum Ausruhen gibt es zudem drei Gastronomie-Betriebe: die Bunkerei, das Café Haus und das Café Atelier Augarten. *Park: geöffnet je nach Jahreszeit von frühmorgens bis zum Einbruch der Dunkelheit | www.kultur.park.augarten.org | insgesamt 9 Zugänge | Straßenbahnen 5, 21, 31, N, Bus 5A | 2. und 20. Bezirk*

GRÖSSTE QUADRILLE
DER WELT 🐷 [132 C2]

Ein öffentlicher Auftakt in die Ballsaison mit großem Spaßfaktor: Alljährlich am 11. November um Punkt 11.11 Uhr laden Wiens Tanzschulen Einheimische und Gäste der Stadt zum gemeinsamen Tanz unter freiem Himmel ein. Als Parkett dient der Graben in der City-Fußgängerzone. Auf dem Programm stehen neben der traditionellen Fledermaus-Quadrille auch Walzer und Galopp. Erwartet werden, neben zahlreichen Schaulustigen, rund 3000 Tänzer und Tänzerinnen. ==Die Teilnahme, durch Gratis-Faschingskrapfen versüßt, ist völlig kostenlos!== Anweisungen für die richtigen Schritte und Drehungen erfolgen per Lautsprecher, Beginn des Kurztrainings für die Quadrille ist um 10.30 Uhr. Da kann also eigentlich gar nichts mehr schief gehen. *Eintritt frei | Graben | U1, 3 Stephansplatz | 1. Bezirk*

SOMMERFEELING AM DONAUKANAL

Wenn die Temperaturen steigen und die Tage spürbar länger werden,

Bild: Urlaubsgefühle – Strandbar Herrmann am Donaukanal

MEHR ERLEBEN

klappen die Wiener an den Ufern des Donaukanals die Liegestühle auf und erklären nach dem Motto „Meer Sonne im Herzen" gleich mehrere Sandstrände samt zugehörigen Szenelokalen für eröffnet. Essen und Getränke kosten eine Kleinigkeit, doch das Urlaubsgefühl, DJ-Sound inklusive, sowie die Nutzung von Liegen und Bocciakugeln sind gratis. An der Summerstage gibt's Trampoline zur Gratis-Nutzung, jeden Samstag und Sonntag von 17–21 Uhr kostenlose Kinderbetreuung, einen Skulpturengarten sowie eine Open-Art-Galerie. Alle sind nur bei schönem Wetter geöffnet, ab April/Mai bis September oder Oktober. *Adria Wien* [143 F1]: *Mo–Fr 16–1, Sa, So 10–1 Uhr | nahe der Salztorbrücke gelegen | Tel. 0660/312 47 03 | www.adriawien.at | Straßenbahn 1 Salztorgasse, U4 Schottenring | 2. Bezirk; Strandbar Herrmann* [133 F1]: *tgl. 10–2 Uhr | Dampfschiffstraße/Aspernbrücke (nahe bei der Urania gelegen) | Tel. 068 88 66 60 36 | www.strandbarherrmann.at | U 1, 4 Schwedenplatz | 3. Bezirk; Tel Aviv Beach* [139 E4]: *tgl. 12–23 Uhr | Obere Donaustraße (nahe U-Bahn-Station) | www.tlvbeach.at | U 2, 4 Schottenring | 2. Bezirk; Summerstage* [139 E4]: *Mo–Sa 17–1, So 15–1 Uhr | Rossauer Lände (nahe bei der U-Bahn-Station) | Tel. 31 96 64 40 | www.summerstage.co.at | U 4 Rossauer Lände | 9. Bezirk*

WEIN-WANDERWEG

Wiens rund 340 Winzer erwirtschaften auf knapp 700 ha Rebfläche jeden Herbst etwa 2 Mio. Liter Wein. Grund genug, den Wein das Jahr über mit etlichen Veranstaltungen zu feiern. Je nach Witterung finden etwa Anfang Juni in diversen Weinbauerorten Rebblütenfeste und -wanderungen statt. Um die Monatswende Juni auf Juli wird im Arkadenhof des Rathauses im Rahmen einer Verkostung der Wiener Weinpreis verliehen. Und Ende September/Anfang Oktober steht der Wiener Weinwandertag an. Dabei führt die Route – deren Begehung wegen der idyllischen Aussichten ganzjährig zu empfehlen ist – von Neustift am Walde durch die Weinberge über den Cobenzl und Grinzing bis nach Nussdorf. Alle genannten Veranstaltungen sind frei zugänglich. *Aktuelle Infos: www.wienerwein.at bzw. www.wienerwein.net | kostenlose Wein-Wanderkarte zum Weinwandertag erhältlich unter Tel.*

> www.marcopolo.de/wien

MEHR ERLEBEN

525 50 | Broschüre „Treffpunkt: Wein in Wien" als Download unter www. wien.gv.at/umwelt/natuerlich

ZUM ZUGUCKEN

ANKERUHR 🐷 [133 D1]

High Noon am Hohen Markt: Sie ist 10 m breit und 7,5 m hoch und gilt als Schlüsselwerk des Jugendstils. Die 1911 nach Plänen des Malers Franz von Matsch erbaute Ankeruhr verbindet in der Nordostecke des Innenstadtplatzes zwei Gebäude. Wer kurz vor 12 Uhr in der Gegend unterwegs ist, der sollte unbedingt die Figurenparade verfolgen: In einem Fenster der Mosaikwand ziehen zwölf kupferne Gestalten vorbei, die, von Marc Aurel über Karl den Großen und Prinz Eugen von Savoyen bis Maria Theresia, allesamt für die Stadtgeschichte bedeutsame Persönlichkeiten darstellen. Dazu erklingen passende Musikstücke. Ein kurioses Erlebnis zum Nulltarif. *Tgl. 12 Uhr | Hoher Markt 10–11 | U 1, 3 Stephansplatz | 1. Bezirk*

KRAFTWERK FREUDENAU 🐷 [153 E3]

Für Technikfreaks und für alle Kinder, die gern wissen möchten, wie der Strom in die Steckdose kommt:

Von Februar bis November finden im Kraftwerk Freudenau am unteren Ende der Donauinsel jeden Sonntag und Feiertag um 14 Uhr 90-minütige Gratis-Führungen statt. Das Kraftwerk Freudenau ist eines der modernsten Flusskraftwerke in Europa. *Eintritt frei | Treffpunkt im Stromhaus | Am Praterspitz | Tel. 05 03 1 35 02 21 | Bus 80B Kraftwerk Freudenau | 2. Bezirk*

SCHLOSS NEUGEBÄUDE 🐷 [153 E2]

Das vor 500 Jahren im Auftrag von Kaiser Maximilian II. erbaute Renaissance-Schloss wurde 2003 wieder zur allgemeinen Nutzung freigegeben. Seither finden auf dem weitläufigen Areal ganz unterschiedliche Veranstaltungen statt: Mitte September gibt es zum Beispiel ein ganzes Wochenende lang bei freiem Eintritt ein großes „Historisches Fest" – mit Schaukämpfen, Märkten und Handwerksständen. Weitere Events: der bunte Ostermarkt, schöne Operetten-Abende, Open-Air-Kino und noch so einiges mehr. *Otmar-Brix-Gasse 1 | Info-Hotline: Tel. 06 64 5 97 71 22 | www.schlossneugebaeude.at | U 3 Simmering, dann Bus 73A Hörtengasse | 11. Bezirk*

> Kaffeehaus, Schnitzel, internationale Esskultur: Die Wiener Küche ist meist gut und oft gar nicht teuer

Stimmt schon, die Wiener Küche ist nicht ganz kalorienarm. Raffinierte Speisekarten, leichte Kost und cooles Ambiente werden Sie aber auch häufig finden. Wiens Gastronomen haben sich in den letzten 10 bis 15 Jahren nämlich einen erstklassigen Ruf erkocht. Die Stadt gilt heute international zu Recht als Gourmet-City. Zudem gibt es ein paar ganz typische Institutionen: das Kaffeehaus, das Beisl oder Wirtshaus und den Heurigen, wo man besonders gut Wein trinken kann. Alle drei besitzen nicht nur eine uralte Tradition und sehr originelle Atmosphäre, in ihnen einzukehren ist, überwiegend zumindest, auch wohltuend erschwinglich. Viel Genuss für nicht so viel Geld, das geht in Wien ziemlich gut, wie unsere Adressen zeigen. Gasthäuser, Imbisse, Kantinen stellen wir Ihnen vor – aber auch Spitzenrestaurants wie den Österreicher im Mak oder die Kuchlmasterei, die einen günstigen Mittagstisch anbieten. Weiterer Tipp: auf einem typischen Wiener Markt einkaufen und dann picknicken, etwa auf dem Cobenzl oberhalb von Grinzing: Da nehmen Sie ganz romantisch auf einer ehemaligen Schlossterrasse Platz, genießen Wiener Spezialitäten – und die Stadt liegt Ihnen zu Füßen.

ESSEN & TRINKEN

EISDIELEN

MOLIN-PRADEL [143 F2]

Kenner mit Hang zu leiser Nostalgie werden das Molin-Pradel lieben. Der stilvolle Eisladen gehört zu den unbestritten Besten und preisgünstigen in der Innenstadt. Der Familienbetrieb liegt gleich neben dem Donaukanal und wurde schon im Jahr 1886 (!) gegründet. Sympathisches, etwas altmodisch-italienisches 60er-Jahre-Ambiente mit Terrazzo-Boden, bunten Sitzmöbeln und Wanddekor. Das Sortiment umfasst 136 Sorten, von Aschanti, Feige und Guava bis Papaya, Safran-Honig und Tiramisu. Wirklich lecker! *Ca. Mitte März bis Ende Sept. tgl. 10–23 Uhr | Franz-Josefs-Kai 17 | Tel. 533 19 96 | U 1, 4 Schwedenplatz | 1. Bezirk*

✗ RENATO [147 D3]

Insider Tipp

Dolce Vita fast wie in den 50er-Jahren: Der Eisladen von Renato Piucco verströmt dank Nierentischchen und Bakelitdekor noch den wunderbaren Charme aus den Zeiten von Vespa, Fiat 500 und Caterina Valente. Er wäre hier nicht empfohlen, schmeckten die Standards Marke Vanille, Haselnuss, Pistazie & Co nicht vorzüglich. Touristisch relevant ist auch die Location, nur zwei Gehminuten von U-Bahn und Osttor des Schönbrunner Schlossparks entfernt. Die Preise sind für die großen Portionen wirklich außerordentlich günstig. *Etwa Anfang April bis Anfang Oktober tgl. 10–21 Uhr | Winckelmannstraße 4 | Tel. 893 53 17 | U 4 Schönbrunn | 15. Bezirk*

TICHY [149 F5]

Eine Institution für Schleckermäuler, abseits der Touristenströme im Arbeiterbezirk Favoriten gelegen und dennoch – oder auch gerade deshalb – selbst bei kühlerem Wetter in der Regel proppenvoll. Hier gehen besonders die Einheimischen Eis essen. Kitschig-schöner Gastraum mit Plüsch und vielen Spiegeln, günstige Preise dank dezentraler Lage, äußerst effizienter Service. Speziell probierenswert: die gefrorenen Busserln (Küsse) und die vom Maestro höchstpersönlich erfundenen Eismarillen- bzw. Himbeerknödel. *Ca. Mitte März–Mitte Okt., tgl. 10–23 Uhr | Reumannplatz 13 | Tel. 60 44 44 6 | www.tichy-eis.at | U 1 Reumannplatz | 10. Bezirk*

GASTHÄUSER

GASSNER'S WIRTSHAUS [144 C4]

In diesem seit über 50 Jahren familiär geführten Wirtshaus kommt von jeher altbewährte Wiener Küche auf den Tisch, besonders günstig als Mittagsmenü. Erdäpfel-Lauchstrudel mit Specksauce und Tagessuppe beispielsweise kosten 4,90, Kasnudeln mit Salat und Suppe 5,90 Euro. Auch sehr zu empfehlen: das Fiakergulasch, die Hühnerleber mit Sauce Tartare, Vanille- oder Zwiebelrostbraten. Seit der Juniorchef am Herd steht, hat das Deftige eine Verfeinerung und Internationalisierung erfahren. Die Preise sind aber zum Glück weiterhin bodenständig geblieben. *Tgl. zwei Menüs für 4,90 bzw. 5,90 Euro | Mo–Fr 9–23 Uhr | warme Küche durchgehend von 9–22 Uhr | Erdbergstraße 48 | Tel. 712 33 25 | www.gassners-wirtshaus.at | U 3 Rochusgasse | 3. Bezirk*

HANSY [140 B5]

Ein Vorstadtgasthaus nach guter, alter Sitte: der Schankraum ist gekachelt, die Einrichtung schlicht, der Gastgarten weiträumig und die Hausmannskost handfest, stärkend, tadellos. Aus der Getränkekarte ragen diverse Wiener Weine und das hauseigene Bier namens Hansy-Bräu hervor. Fazit: eine langjährig erprobte Raststation auf dem Weg zum oder vom Riesenrad und Wurstelprater. *Tgl. günstiges Zwei-Gang-Menü für 6,20 Euro | tgl. 9–23 Uhr | warme Küche durchgehend bis 22.30 Uhr | Praterstraße 67 | Ecke Heinestraße | Tel. 214 53 63 | www.hansy-braeu.at | U 1 Praterstern | 2. Bezirk*

> *www.marcopolo.de/wien*

ESSEN & TRINKEN

KRITERIUM [142 A4]
Nettes, wenngleich abends leicht verrauchtes Studentenlokal in Westbahnhofnähe. Wer hier hungrig bleibt, ist selber schuld. Denn Hausmannskost und saisonale Schmankerl serviert man – mittags sogar als Menü mit Suppe – schon ab 4,50, die Tagessuppe um 2,20, kleine Speisen ab 3,20 Euro. Extrem billig ist auch das Bier: als Pfiff (0,2 l) um 1,60, im Seidl (0,3 l) um 2,50, im Krügerl (0,5 l) um 3 Euro. Jeden Montag gibt's Aktion: Spareribs mit 0,5 Liter Bier für 10 Euro. Brettspiele, Videoleinwand für Sportübertragungen und samstags Livemusik sorgen für Abwechslung. Sommers kann man draußen mit Blick auf den Park und Wiens neue Zentralbibliothek am Gürtel sitzen. Es gibt zwei weitere Filialen im Zentrum. *Stammhaus: Mo–Fr 11–24, Sa und feiertags ab 16 Uhr | Urban-Loritz-Platz 1 | Tel. 523 15 23 | U6 Burggasse | 7. Bezirk; Kriterium 2* [132 A1]: *Mo–Fr 11–23, Sa und feiertags ab 16 Uhr | Ebendorferstraße 10 | Tel. 406 14 38 | U2 Schottentor | 1. Bezirk; Kriterium 3* [142 C4]: *Mo–Sa 10–23, feiertags*

Im Hansy wird Hausmannskost im besten Sinne aufgetischt – und gemütlich ist es auch

54 | 55

10–23 Uhr | Lindengasse 1 | Tel. 522 42 80 | www.kriterium.at | U2 Mariahilferstraße | 7. Bezirk

Insider Tipp

REINTHALER [132 C3]

Ein Gasthaus als Insel im Strom der Zeit: In dem schnörkellosen, mit Holzmobiliar und rot-weiß karierten Tischdecken ausstaffierten Souterrainlokal trifft sich werktags ein bunt gemischtes Publikum, um die authentische, deftige Beislküche zu genießen. Fritaten- und Nudelsuppe um 2,90, Hauptspeisen vom Rind, Schwein oder auch vegetarisch ab 6,20, süße Spezialitäten wie Mohnzelten (mit Mohn gefüllte Kartoffelteigstückchen) oder Powidltatschkerl (Kartoffeltaschen mit Pflaumenmus) um 3,40, und dazu ein Viertel gespritzter Weißwein um 2,20 Euro. Die Bedienung ist nett, ein Zusatzplus ist im Sommer der efeuumrankte Schanigarten. Und natürlich die zentrale Lage, gleich um die Ecke von Oper, Albertina und Kaisergruft! *Mo–Fr 9–23 | Küche bis 22 Uhr, feiertags geschlossen | Gluckgasse 5 |*

CLEVER!

> Imbiss im Stehen – am Würstelstand

Eine typisch wienerische und preiswerte Art, den kleinen Hunger zu stillen, bieten meist bis tief in die Nacht die über die ganze Stadt verstreuten Würstelstände. Als Spezialitäten gelten neben Frankfurtern Bratwurst, Leberkäse, Bosna, Debreziner und Käsekrainer. Dazu gibt's eine „Hülsen", sprich: Dose Bier. Portionen kosten ca. 2,80–4 Euro. Zu den besten Buden zählen: **Bitzinger [132 C3] u. [140 C5]**: *tgl. 7–4 Uhr | Augustinerstraße 1 | U 1, 2, 4 Karlsplatz bzw. beim Riesenrad |* und *tgl. 10–20 Uhr | Gabor-Steiner-Weg | U 1 Praterstern |* **Horvath [143 D5]**: *Mo–Fr 9–19, Sa 10–16 Uhr | Naschmarkt, Stand 67 | U 4 Station Kettenbrückengasse |* **Leo [138 C2]**: *tgl. 9.30–4 Uhr | Nußdorfer Straße, Ecke Währinger Gürtel | U 6 Station Nußdorfer Straße |* **Würstelstand am Hohen Markt [133 E1]**: *tgl. 7–4 Uhr | U 1, 4 Station Schwedenplatz |* **Mariahilfer Wurststadel [142 C5]**: *Mariahilfer Straße 77, Ecke Amerlinggasse | Mo–Sa 18–5, So und feiertags 12–5 Uhr | U 3 Station Neubaugasse.*

> *www.marcopolo.de/wien*

ESSEN & TRINKEN

Tel. 512 33 66 | Hauptspeisen ab 6,50, Frühstück ab 3 Euro bis 11 Uhr | U 1, 2, 4 Karlsplatz | 1. Bezirk

SALM BRÄU [144 A5]

Ideal, um sich nach dem Besuch des Belvedere reisebudget-schonend zu stärken: selbst gebraute Bierspezialitäten nach alten Rezepten, dazu kraftvolle Suppen (ab 2,90 Euro), üppig belegte Schwarzbrote, Spare-Ribs, Eiernockerln (6,90 Euro), diverse Pfandlgerichte, aber auch Vegetarisches. Tipp für Sonntage: das „Stelzenmenü" für zwei Personen für 22 Euro, das neben Eisbein, Kraut und Knödel auch zwei halbe Liter Bier eigener Wahl umfasst. *Hauptgerichte ab 6,80 Euro | tgl. 11–24 Uhr | Rennweg 8 | Tel. 799 59 92 | www.salmbraeu.com | Straßenbahn 71 Unteres Belvedere | 3. Bezirk*

SCHÖNBRUNNER STÖCKL [147 D3]

In diesem rustikalen Lokal wartet nach der Besichtigung von Schloss und Park Schönbrunn ein bunter Mix an ausgezeichneten, dabei äußerst günstigen böhmischen und wienerischen Spezialitäten, etwa die Schinkenfleckerl (Schinkennudeln) für 7,50 oder das kleine Gulasch für 6,90

Euro. *Mo–Fr Tagesmenüs um 7,30 Euro | tgl. 10–22 Uhr | Schönbrunn/Meidlinger Tor | Tel. 813 42 29 | www.schoenbrunnerstoeckl.com | U 4 Schönbrunn | 13. Bezirk*

SCHÖNE PERLE [139 F4]

Wer ein betont schlichtes, helles Ambiente mit klaren Linien liebt, fühlt sich hier wohl. Zumal, weil man in dem ehemaligen China-Restaurant Beisl- und Fusion-Küche erster Güte mit mediterranem Einschlag serviert – und das auch noch zu äußerst verträglichen Preisen. Wie wär's mit Leberknödel- oder Roter Linsensuppe um 3,20 und danach hausgemachten Frühlingsrollen oder Bärlauch-Teigtaschen um 5,50 Euro? Ein Muss für Schokoliebhaber: die mit sämigem Mousse angerührte Susitorte (4,20 Euro). *Mittagsmenü Mo–Fr 12–18 Uhr 6,90 Euro | Mo–Fr 12–23, Sa, So und feiertags 10–23 Uhr | Küche jeweils durchgehend | Große Pfarrgasse 2/Ecke Leopoldgasse | Tel. 06 64/243 35 93 | www.schoeneperle.at | U 2 Taborstraße | 2. Bezirk*

WINKLERS ZUM POSTHORN [144 B4]

Nein, für diät- und figurbewusste Esser ist dieses Uraltwirtshaus wohl nicht die ideale Adresse. Wer sich aber beherzt durch klassische Beislstandards à la Gröstl (geröstete Kartoffeln mit Speck), Gulasch und Gebackenes kosten will, ist hier – auch nach der Übernahme durch Neo-Wirt Walter Winkler – ganz richtig. Schon Friedensreich Hundertwasser und Kabarettlegende Helmut Qualtinger schätzten als Stammgäste die handfesten Küchenkreationen: die Leberknödelsuppe für 3,80 Euro zum Beispiel, das Backhendl oder das „Wiener" (Schnitzel) vom Schwein, beide mit Erdäpfelsalat (Kartoffelsalat) für jeweils 8,80 oder die gerösteten Knödel mit Ei und Salat für 6,90 Euro. Dazu bekommt man würziges Biobier aus dem Waldviertel kredenzt. *Kleine Speisen 3,80–5,50, große ab 6,80 Euro | Mo–Fr 17–23 Uhr | Posthorngasse 6 | Tel. 941 39 24 oder 0664/431 21 23 | www.winklers-zum posthorn.at | Straßenbahn O Neulinggasse | 3. Bezirk*

IMBISSE
CENTIMETER [142 C2]
Auf sieben Filialen ist diese Lokalkette mittlerweile angewachsen. Vier davon liegen zentrumsnah, und bei allen überzeugen Originalität und ex-

trem günstiges Preis-Leistungs-Verhältnis. Die Speisekarte in Form eines Zollstocks verspricht u. a. vielerlei dick belegte Riesenschwarzbrote, die man nach Länge bezahlt. Und zwar, je nach Garnierung, 15 bis 20 Cent für jeden Zentimeter. Sitzen kann man auch, recht gemütlich sogar, eingerichtet sind die Filialen mit viel Holz. *Tgl. mind. 11–24 Uhr | Hauptgerichte ab 7 Euro | Stammhaus: Lenaugasse 11 | www.centi meter.at | U 2 Rathaus | 8. Bezirk | Filialen: Schleifmühlgasse 7/Margaretenstraße 21* [143 E5]*: U 4 Kettenbrückengasse | 4. Bezirk | Stiftgasse 4/Siebensterngasse 16a* [142 C4]*: U 3 Neubaugasse | 7. Bezirk | Liechtensteinstraße 44/Ecke Bauernfeldplatz* [139 D4]*: Straßenbahn D Bauernfeldplatz | 9. Bezirk*

TRZESNIEWSKI [132 C3]
Die kuriose Kalorientankstelle verbirgt sich in einer Seitengasse des prächtigen Grabens. Das Stammhaus der sympathischen Caterer-Kette mit dem unaussprechlichen Namen bietet, wie auch die mittlerweile sechs Filialen, ausschließlich Brötchenbufett – kleine Schwarzbrotschnitten, die mit Sardellen, pürierten Frisch-

> **www.marcopolo.de/wien**

ESSEN & TRINKEN

käse-, Paprika-, Ei- oder manch anderen seit über 100 Jahren nach Geheimrezept fabrizierten Aufstrichen belegt sind. Komplettiert werden die leckeren Snacks in der Regel durch einen Pfiff Bier (0,2 l). *Alle Brötchen 1 Euro | Mo–Fr 8.30–19.30, Sa 9–17 Uhr | Dorotheergasse 1 | Tel. 512 32 91 | www.trzesniewski.at | U1, 3 Stephansplatz | 1. Bezirk*

KAFFEEHÄUSER

AIDA [133 D2]

Verteilt auf 16 Bezirke finden sich in Wien 27 Filialen dieser im charakteristischen Punschkrapferl-Rosa gestalteten Café-Konditorei-Kette. Sie sind als Treffpunkte für den ungezwungenen Plausch oder zur Rast bei einem schnellen Espresso (1,80 Euro) und einem Stück exquisiter Torte aus eigener Herstellung (pauschal 2,60 Euro) bei Wienern und Gästen gleichermaßen beliebt. Wer's pikant liebt, findet auch belegte Brötchen, Toasts, Gabelroller (Fisch- und Gemüsestückchen mit Mayonnaise in Aspik eingelegt) und andere Häppchen. Das meistfrequentierte Lokal zum Sehen und Gesehenwerden ist

Das Café Aida gibt's 27 Mal in Wien – eine Kaffeehaus-Kette mit köstlichen Torten

an der Ecke des Stephansplatzes. Dessen schönste Tische stehen im Garten oder hinter der Glasfront im 1. Stock. *Selbst gemachte Torte 2,60 Euro | Mo–Sa 7–20, So und feiertags 9–20 Uhr | Singerstraße 1 | Tel. 89 08 98 82 10 | www.aida.at | U 3 Stephansplatz | 1. Bezirk*

DRECHSLER [143 D4]

Jahrzehntelang war das Drechsler ein etwas schäbiges Refugium für Wiens nachtaktive Bohème. Nach der Neuübernahme und Umgestaltung durch niemand Geringeren als den britischen Designstar Terence Conran ist das Ambiente ungleich schicker. Doch die Funktion als Rund-um-die-Uhr-Treff ist geblieben. Nur eine einzige Stunde zum Reinemachen in tiefer Nacht wird geschlossen. Die Küche ist klassisch wienerisch, die Bedienung bemerkenswert freundlich, der Kaffee wahlweise auch mit Sojamilch erhältlich. Aus der ohnedies niedrigpreisigen Karte (kleine Kaffeehausspeisen wie Sacherwürstel, Specklinsen, Eiernockerl & Co. von 5,20 – 9,90 Euro) sticht wochentags das zweigängige Mittagsmenü für 7,50 Euro hervor. *Kleine Speisen ab 4,90 Euro | tgl. 3–2 (!) Uhr | Linke Wienzeile 22/Ecke Girardigasse 1 | Tel. 581 20 44 | www.cafedrechsler.at | U 4 Kettenbrückengasse | 6. Bezirk*

ESPRESSO HOBBY [139 D5]

Winziges, sehr originelles Ecklokal in herrlich nostalgischem Resopal-Kunstleder-Retro-Stil. Handge-

CLEVER!

> *Leitungswasser bestellen*

Ordern Sie im Restaurant zum Essen nicht teures Mineralwasser in Flaschen, sondern bestellen Sie auch mal ein Glas Leitungswasser. Das taucht auf der Rechnung nicht auf – und schmeckt in Wien zumeist richtig gut. Denn in vielen Bezirken, vor allem im Westen der Stadt, strömt kristallklares Gebirgswasser aus dem Wasserhahn. Es wird über Fernleitungen aus entlegenen Alpentälern in die Häuser geleitet. Das Trinkwasser in den östlichen Bezirken wird zwar am Stadtrand aus dem Boden gepumpt, ist aber auch von guter Qualität.

> www.marcopolo.de/wien

ESSEN & TRINKEN

strickte Imbisse Marke Toast, Frankfurter, Schinkenbrot mit Gurkerl und frischem Kren (Meerrettich), außerdem hausgemachte, immer frische Topfen-, Mohn- und Apfelstrudel. *Imbisse 2,90, Strudel 2,50 Euro | Mo 7–19, Di–Fr 7–22 Uhr | Währinger Straße 9 | Tel. 405 22 48 | www. espressohobby.at | U 2 Schottentor | 9. Bezirk*

MINORITENSTÜBERL   [132 B2]

Im Souterrain des Unterrichtsministeriums, also in zentralster City-Lage, betreibt Witzigmann-Schüler und TV-Koch Andreas Wojta eine Art Haubenkantine. Was der Chef hinter dem Tresen fabriziert und seinen Gästen (vorwiegend Beamte, aber auch Zufallspassanten) nach dem Self-Service-Prinzip mit wienerischem Charme reicht, ist so hochwertig wie preiswert. Wobei der Schwerpunkt auf klassischen Schmankerln Marke Grammelknödel, Rindsroulade, Schinkenfleckerl und gefüllte Paprika liegt. Übrigens: spätestens um 11.45 Uhr sollten sie sich einfinden – denn bald danach kann's an den Tischen etwas eng und bisweilen auch mal ein klein wenig hektisch werden. *Mittagsmenü, be-*

stehend aus Suppe und Hauptspeise, um 6, Gerichte à la carte um 6–13 Euro | Mo–Fr 6–15 Uhr | Minoritenplatz 5 | Tel. 533 52 81 | U 3 Herrengasse | 1. Bezirk

SCHWARZENBERG   [133 D4]

Ein Plauderstündchen samt Jause in einem klassischen Ringstraßencafé gehört zu jedem Wien-Aufenthalt. Dass die Einkehr in einer solchen Renommeeadresse die Geldbörse nicht überstrapazieren muss, beweist dieses direkt gegenüber dem noblen Hotel Imperial gelegene Café. 1861 gegründet, pflegt es das klassische Erbe mit viel Bugholz, Messing, Spiegeln, großem Kaffee-, Tee- und Zeitungssortiment. Köstliche Schmankerl aus der Wiener Küche und feine Mehlspeisen zu moderaten Preisen (Marillen-Marmelade-Palatschinken für 4,20 Euro) sorgen für das leibliche Wohl, häufige Lesungen, Konzerte, Vernissagen für musische Anregungen. Zum Aufatmen: Im Café herrscht Rauchverbot! *Kleine Speisen ab 4,90 Euro | Mo–Fr, So 7–24, Sa 9–24 Uhr | Kärntner Ring 17 | Tel. 512 89 98 | www.cafe-schwarzenberg.at | Straßenbahn D, 71, Schwarzenbergplatz | 1. Bezirk*

KANTINEN

GIG IM JUSTIZZENTRUM [144 B3]

Hier erholen sich Richter und Anwälte von haarigen Rechtsfällen, aber prinzipiell hat auch jedermann von der Straße Zutritt. Das Ambiente ist licht und schick, die Küche leicht, mit starkem Augenmerk auf Bio. Im Café kann man ab 7 Uhr frühstücken, im Restaurant bis in den Abend à la carte genießen, etwa Carpaccio, Lachs mit Toast und dazu gute Weine. Alle paar Wochen startet ein Afterwork-Clubbing. Übrigens: Das kuriose Namenskürzel steht für „Gerichte im Gericht". *Imbisse ab 2,90, Hauptgerichte 4,10–4,50 Euro | 7–22 Uhr | durchgehend warme Küche | Marxergasse 1a | U3, 4 Landstraße | 3. Bezirk*

SOHO [132 C3]

In dieser im Souterrain der Nationalbibliothek versteckten Kantine stillen vorwiegend Uni-Mitarbeiter und Studenten, aber auch Werbe- und Bankleute aus der Umgebung ihren Hunger. Sie schätzen die Kombination aus Designerstil und Bistroküche zu Mensapreisen sowie die Auswahl an leckeren Snacks und zwei täglich frischen Menüs – mit einem deftig österreichischen Hauptgericht Marke Schweinsbraten (5,70 Euro) und einem leichteren, asiatischen (5,20 Euro). Mittwoch ist Schnitzeltag! Achtung: Anhand der offiziellen Adresse findet man das Soho nie. Man geht durch den Burggarten, vorbei am Palmen- und Schmetterlinghaus geradeaus bis ganz nach hinten und bei den Bambuspflanzen durch das kleine Tor links. *Hauptgerichte ab 5,20 Euro | Mo–Fr 9–16 Uhr | Neue Burg, Josefsplatz 1 | Tel. 53285 66 oder 0676/309 51 61 | soho.catering.vienna@aon.at (aktueller Menüplan) | U 1, 2, 4 Karlsplatz | 1. Bezirk*

UNIQA TOWER [144 A1]

Direkt am Donaukanal, somit eine Gehminute von der Inneren Stadt, sorgt Wiens Top-Caterer Do & Co für zeitgemäße Verpflegung der rund 850 Versicherungsangestellten. Auch Gäste von auswärts sind in dem gläsernen Turm willkommen und zahlen für das täglich aus drei Vor-, fünf Haupt und vier Nachspeisen bestehende Buffetangebot trotz Verdoppelung der für die Mitarbeiter geltenden Preise immer noch erfreulich wenig. Ein Renner ist das täglich

Insider Tipp

> *www.marcopolo.de/wien*

ESSEN & TRINKEN

frisch geschnipselte Wok-Gericht. *Hauptgerichte für Gäste 6,90–10, 2-gängiges Menü 12–13 Euro | Bistro: Mo–Fr 11–14, | Coffeeshop/Bar Aioli: 7–18 Uhr | Untere Donaustraße 21–23 | Tel. 211 7 545 20 | www.platinum-events.at | U1 Nestroyplatz | 2. Bezirk*

MÄRKTE

BRUNNENMARKT [142 A1–2]

Willkommen in der großen, weiten Welt! 21 Lebensmittelmärkte sind insgesamt über die Stadt verstreut. Doch keiner gleicht so sehr einem Basar wie dieser. Hier in Ottakring, wo besonders viele Türken, Griechen und Menschen vom Balkan zu Hause sind, zeigt sich Wien von seiner multikulturellsten Seite. Kunterbunt und exotisch ist das Angebot an Feinschmeckereien. Die Atmosphäre ist fröhlich-ausgelassen – den Spaßfaktor erhöht die Möglichkeit zu Feilschen, insbesondere gegen Abend, wenn die Händler ihre Waren zu Spottpreisen verhökern. Kleine kalte und warme Snacks auf die Hand gibt's natürlich auch. *Mo–Fr 6–19.30, Sa bis 17, Gastronomie bis 23 Uhr | U6 Thaliastraße/Josefstädterstraße | 16. Bezirk*

MEISELMARKT [147 D1]

Der erst in den 90er-Jahren entstandene Markt besticht durch seine originelle Location: ein ehemaliger unterirdischer Wasserspeicher, in dessen Arkaden die Stände eingefügt wurden. Er ist Wiens einziger überdachter Lebensmittelmarkt und bietet in Hülle und Fülle frisches Obst und Gemüse, Brot, Fisch und Fleisch sowie feine Spezialitäten vom Balkan und Bosporus. *Mo–Fr 6–18, Sa bis 14 Uhr | Meiselstraße 20 | U3 oder Bus 10A Johnstraße | 15. Bezirk*

NASCHMARKT

Der „Bauch von Wien" ist der größte und zu Recht auch berühmteste Lebensmittelmarkt, bevölkert von urigen Händlertypen aus der Vorstadt, der Türkei und dem Balkan. Der Gang zwischen den Obst- und Gemüsepyramiden, Wurst- und Käsetürmen erweist sich als äußerst appetitanregend und bietet ideale Bedingungen, um sich preiswert für den Hunger zwischendurch zu wappnen. Zudem hat neben den traditionellen Ständen in jüngster Zeit eine ganze Reihe von Esslokalen eröffnet. Japaner, Türken, Wiener, Iraner, Chinesen und manche mehr kredenzen – im

Sommer unter freiem Himmel – gute, abwechslungsreiche und gut bezahlbare Kost *(S. 68)*. *Mo–Fr 6.30–18.30, Sa bis 17 Uhr | zwischen Rechter und Linker Wienzeile, Kettenbrückengasse und Karlsplatz | www.wienernaschmarkt.eu | U4 Kettenbrückengasse | 4., 5. und 6. Bezirk*

RESTAURANTS ·
DER WIENER DEEWAN [143 D1]

Insider Tipp

Der Clou erwartet Gäste, wenn sie die Rechnung verlangen: ==Man zahlt in diesem pakistanischen Restaurant nämlich je nach Zufriedenheit,== so viel man will. Nur für Getränke gelten Fixpreise, und für die Take-Away-Boxen (klein: 4–6, groß 7–9 Euro). Der Wiener Deewan ist bezaubernd ungestylt, mit erfrischend amateurhafter Bedienung, aber ausgezeichneter Küche. Am Buffet gibt's täglich fünf verschiedene, durchweg köstliche Currys. Zu den weiteren Spezialitäten des Hauses zählen vegetarische Eintöpfe und das Lamm-Curry-Huhn Karahi. Montag abends gibt es gelegentlich Live-Improvisation von Musikern vom Subkontinent. *Fixpreise nur bei Getränken*

Viele leckere Früchtchen fürs Picknick gibt's auf dem Naschmarkt

ESSEN & TRINKEN

und Speisen zum Mitnehmen | Mo–Sa 11–23 Uhr | Liechtensteinstraße 10 | Tel. 925 11 85 | www.deewan.at | U2 Schottentor | 9. Bezirk

INIGO [133 E2]

In diesem uneitlen, netten Restaurant lässt sich der Hunger angenehm und preiswert stillen. Es stehen beispielsweise drei Menüs für jeweils 6,30 Euro zur Auswahl (Suppe, Hauptspeise immer mit Salat). Empfehlenswert ist das kleine Rindsgulasch für 7 Euro. Im Sommer erhöht der Blick vom Gastgarten auf Universitätsplatz und -kirche den Genuss. Mit dem Besuch hilft man Langzeitarbeitslosen, die die Caritas als Inigo-Betreiberin hier beschäftigt. *Menü ab 6,30 Euro | Mo–Fr 9.30–24 Uhr, So geschl. | Bäckerstraße 18 | Tel. 512 74 51 30 | www.inigo.at | U3 Stubentor | 1. Bezirk*

KENT [142 A1]

Nach dem Bummel über den Ottakringer Brunnenmarkt *(S. 63)* empfiehlt sich die Einkehr beim wohl famosesten Türken der Stadt. Die Auswahl an Spezialitäten ist so groß wie die Qualität hoch, bei gleichzeitig extrem niedrigen Preisen. Zum Beispiel: Köfte oder gebratene, mit zartem Lammfleisch gefüllte Melanzani, beides plus Gemüse und Reis bekommt man für je 7 Euro. Besondere Hits sind die Riesenomelettes zum Frühstück (ab 4 Euro), der Milchreis (Sütlac) zum Dessert (3,50 Euro) und, an schönen Tagen, der große Gastgarten. *Hauptgerichte ab 6 Euro | tgl. 6–2 (!) Uhr | Brunnengasse 67 | Tel. 405 91 73 | www.kent-restaurant.at | U6 Josefstädter Straße | 16. Bezirk*

KIM KOCHT [138 C3]

Sie gilt als preisgekrönte Wegbereiterin der fernöstlichen Küche in Wien: Die gebürtige Südkoreanerin Kim kocht nach den fünf Elementen, vorwiegend mit Produkten aus rein biologischem Anbau und im Cross-Over aus asiatisch, österreichisch und international. Perfektionismus herrscht in der Küche und beim puristisch-eleganten Ambiente. Während für die abendlichen Menüs hohe Preise aufgerufen werden, sind die täglich wechselnden Mittagsmenüs ein Hit – um 8 Euro kosten die Variationen vom Wokgemüse. In der „Shop & Studio"-Filiale am Naschmarkt kann man die Produkte aus Kims Küche auch für daheim erstehen und zudem in den von ihr geleiteten Kochkurse bei der Chefin in die Lehre gehen. *Restaurant: Di–Fr 12–15 und 18–24 Uhr | Lustkandlgasse 4 | Tel. 319 02 42 | U6 Währinger Str. | 9. Bezirk; Shop & Studio* [143 D4]: *Di–Sa 12–18 Uhr | Nasch-markt Stand 28 | Tel. 319 34 02 | U1, 2, 4 Karlsplatz | 4. Bezirk*

LEINER [132 A5]

Insider Tipp

Das Samstagsfrühstück für 1,90 Euro (bis 10.30 Uhr) ist unschlagbar günstig, das Panorama von der Terrasse über die Dächer des Museumsquartiers himmlisch. Aber auch im hellen, geräumigen Innenbereich dieses Dachcafé-Restaurants des stadtbekannten Möbelhauses sitzt und isst es sich angenehm. Pluspunkt neben dem appetitanregend sortierten (Salat-)Buffet (kleiner Teller für 2,80 Euro) ist die Spielecke. Vier Fünftel der 220 Sitzplätze sind für Nichtraucher reserviert. Zugang: beim Haupttor an der Straßenecke, bis zum zweiten Lichthof, dort mit dem Aufzug in den 7. Stock fahren. *Menüs 6–12, Frühstück Sa bis 10.30 Uhr um 1,90 Euro | Mo–Fr 9.30–18.30, Sa 9–18 Uhr | Mariahilfer Straße 18 | Tel. 52 15 35 01 | U2 Mariahilfer Straße, U3 Neubaugasse | 7. Bezirk*

MOTTO AM FLUSS [143 F2]

Die funkelnagelneue Schiffsstation des Twin City Liner, des Express-

CLEVER!

> Grillplätze im Grünen

Vor allem mit Kindern oder Freunden ein Spaß und portemonnaieschonend obendrein: Für das sommerliche Grillvergnügen stellt die Stadtverwaltung insgesamt 15 öffentliche Plätze zur Verfügung, die meisten im Freizeitparadies Donauinsel, manche auch in Parkanlagen im Westen der Stadt. Und so funktioniert's: Proviant vom Markt, Holzkohle und Spieße besorgen, Platz mit Grill unter *Tel. 400 09 64 96* zum Pauschalpreis von 10 Euro reservieren und los geht's. Brennholz wird von der Stadt angeliefert, Trinkwasser und WCs sind vorhanden. Details unter: *www.wien.gv.at/index/erholung.htm*

> *www.marcopolo.de/wien*

ESSEN & TRINKEN

Shuttle-Dienstes zwischen Wien und Bratislava, erweist sich als kulinarische Erholungsinsel erster Güte. Der postmoderne Bau wirkt, als wäre hier eine gläserne Luxusjacht vor Anker gegangen. Er beherbergt ein Restaurant, ein Café, eine Bar und eine Mischung aus Bäckerei, Feinkostladen, Coffee-to-go und Take-away. Alle vier sind längst zu In-Treffs für die urbane Jugend, für Bobos und Business-People geworden. Doch auch viele Touristen chillen auf der großen Terrasse beim Sundowner mit Blick auf den Fluss oder stärken sich bis 16 Uhr (!) beim Frühstück. Der Hit sind die üppigen und für das Gebotene überaus günstigen Tagesteller, die man hier – vegetarisch um 6,90, mit Fleisch um 7,80 Euro – zu Mittag serviert. *Restaurant 11.30–14 und 18–2, Café 8–2, Bar 18–4, Shop 8–19.30 Uhr | Schwedenplatz 2 | Tel. 25 25 11 | www.motto.at | U1, 4 Schwedenplatz | 1. Bezirk*

NEON [134 C5]

Die Innenarchitektur unter den hohen Gewölben der Stadtbahnbögen ist von faszinierender, aber kühler Strenge. Um so herzerwärmender wirkt, was in der offenen Küche dieses Asiaten auf den Tellern landet: Experimentelles und Traditionelles aus dem südöstlichen China, speziell der Region Shanghai. Die Gerichte sind auf die Jahreszeit abgestimmt und wohltuend erschwinglich. Mittagsmenüs, von Sushi oder Lachs Bento über Maroni-Huhn und knusprige Ente bis zum Singapur-Beef, kosten 6–7,50 Euro. Auch mit Spezialitäten wie Tepanyaki Tofu, Filet vom Pangasiusfisch im Bananenblatt oder flambierten Schweinsrippchen süß-sauer bleibt man unter der Zehn-Euro-Grenze. Für Leute mit großem Hunger gibt es das All-you-can-eat-Angebot um 15,90 Euro, bei dem man nach Belieben aus der Speisekarte auswählen kann. *Mittagsmenü ab 6 Euro | Mo–Sa 11–15 und 17–23 Uhr (abends reservieren!) | Gürtelbogen 215/216, Heiligenstädter Straße 29–31 | Tel. 90817 72 | www.neonrestaurant.at | U6 Nussdorferstrasse | 19. Bezirk*

NEU DELI [132 C1]

Willkommen bei Wiens bestem Fastfood-Inder, einer idealen Raststation während des Altstadtbummels: Ob Cari Roti (Hühnercurry), Momo Koftas (Fleischbällchen in scharfer

Sauce), Dal Gosht (Lammcurry mit Kichererbsen) oder Kaali Dal (gelbe Linsen) – das Angebot an Speisen ist riesig, ihre Qualität ausgezeichnet, der Service freundlich und äußerst flott. Zur Auswahl stehen täglich drei üppig portionierte, preiswerte Tagesteller – Curry mit Fleisch oder vegetarisch sowie Mediterranes à la Risotti oder Paste. Kleiner Wermutstropfen: Zu Stoßzeiten muss man bisweilen ein wenig warten. *Preise: 5,90 oder 6,80 Euro, Mo–Fr 11–16 Uhr | Wipplingerstraße 20 |Tel. 88 43 43 37 | www.neudeli.at | U2 Schottentor, Bus 1A, 3A | 1. Bezirk*

NOVOMATIC FORUM [132 C5]
Das ehemalige „Verkehrsbureau", vis-à-vis des weltberühmten Ausstellungshauses der Künstlervereinigung Wiener Secession gelegen, ist ein architektonischer Meilenstein, den Anfang der 1920er-Jahre zwei Otto-Wagner-Schüler entwarfen. Seit kurzem betreibt der global tätige Glücksspielkonzern Novomatic in dem denkmalgeschützten Bau ein Dialogzentrum für Wirtschaft, Kunst, Kultur und Wissenschaft. In dem Haus, das primär als Ort für Ausstellungen, Konferenzen, Events etc.

dient, sind auch ein Café-Restaurant und eine Bar, beide sehr schick designt, beheimatet. Wen das Edelambiente aus Budgetgründen schreckt, dem sei das Lunch-Angebot ans Herz gelegt: An Werktagen von ca. 12–15 Uhr kredenzt man dort zusätzlich ein feines Zwei-Gang-Menü – zu wohlfeilen 6,50 Euro! *Mo–Fr 8–21, Sa, So, Ftg. 10–21 Uhr | Friedrichstraße 7 | Res.-Tel. 585 20 11 | www.novo maticforum.com | U 1, 2, 4 Karlsplatz*

PIZZERIA MAFIOSI [147 C2]
Das gemütliche Lokal der Familie Al Omari ist ein besonderer Tipp in Sachen italienisches Essen. Denn hier holt man die wohl größten und günstigsten Pizzen Wiens aus dem Ofen. Mit Suppen ab 1,50, Spaghetti um 3,50, Pizza von 2,60–5 Euro sind die Preise unschlagbar. Und bestens schmecken tut's obendrein. *Pizza ab 2,60 Euro | tgl. 11–24 Uhr | Reindorfgasse 15 | Tel. 892 72 28 | www.pizzeria-mafiosi.at | Straßenbahn 52, 58 Rustengasse | 15. Bezirk*

TEWA [143 D4]
Genussvoll, hochwertig und gesund lauten die Kriterien, nach denen man in diesem Kulinarik-Treff kocht. Die

> *www.marcopolo.de/wien*

ESSEN & TRINKEN

Rohmaterialien stammen von heimischen Bio-Bauern oder aus Fair Trade. Die Rezepte sind orientalisch-mediterran, die Ergebnisse raffiniert im Geschmack. Man koste einmal von den Salaten, Sandwiches oder Wraps. Spezialitäten sind Shakshouka – Tomaten-Paprika-Ragout mit Spiegeleiern (5,90 Euro), die veganen Biocurry-Laibchen (6,90 Euro) oder die Mischplatte mit Hummus, Tahine, Falafel und orientalischem Salat (8,10 Euro). Der Lokalname passt übrigens gut zur Programmatik, er heißt auf Hebräisch *„Natur". Gerichte ab 5,90, tgl. 2 Tagesteller um 6,80 bzw. 7,80 Euro | Mo–Sa 8–24, Frühstück 8–14, warme Küche bis 23 Uhr | Naschmarkt Stand 672 | Tel. 0676/792 22 14 | www.tewa672.com | U4 Kettenbrückengasse | 4. Bezirk*

ZU DEN 3 BUCHTELN [143 D5]

In diesem nostalgisch stimmenden Gasthaus schlemmt man in kühner Missachtung aller Diätgebote wie im Wohnzimmer der „böhmischen Großmutter". Aufgetischt werden Schweinsbraten mit Kraut und Knö-

CLEVER!

> *Picknick in schönster Lage*

Als Picknickplatz mit dem vermutlich prächtigsten Stadtpanorama empfiehlt sich der oberhalb von Grinzing gelegene **Cobenzl**. Dieser an der Höhenstraße gelegene Aussichtspunkt ist mit dem Bus 38A (*ab U4 Heiligenstadt*) oder 43A (*ab U4 Hütteldorf*) erreichbar, Endstation am Cobenzl. Neben dem großen Parkplatz finden sich mehrere Ausflugslokale, ein Kinderbauernhof, aber auch, was kaum jemand weiß, die Terrasse eines abgerissenen Schlosses. Auf ihr sitzt man wunderschön am Waldrand mit Blick hinab auf die Stadt. Weitere reizvolle Picknickplätze: im 18. Bezirk der dank diverser Teiche, Bäche und Brunnen empfehlenswerte **Türkenschanzpark im 18. Bezirk** (*Buslinien 10A und 40A, Station Hasenauerstraße*); **der Augarten im 2. bzw. 20. Bezirk** (*U2 Taborstraße*) und die Uferstreifen – oder ein gemietetes Ruderboot – an bzw. auf der **Alten Donau** (*U1 Alte Donau | 21. Bezirk*).

ESSEN & TRINKEN

del, Quargel-Käse und diverse süße Mehlspeisen, nicht zu vergessen Budweiser oder frisch gezapftes Kozel. Zum Nachtisch gibt es dann natürlich drei Stück Buchteln mit Vanillesoße für 5,50 Euro. *Vor- bzw. Hauptspeisen ab 3,80 bzw. 8 Euro | Mo–Sa 18–24, Küche bis 23 Uhr | Wehrgasse 9 | Tel. 587 83 65 | U4 Pilgramgasse | 5. Bezirk*

ZUM ALTEN HOFKELLER [132 C2]
Ein Tipp selbst für Wiener: Schnell, gut und extrem preiswert kann man im Restaurant Zum Alten Hofkeller zu Mittag essen. Das Ambiente ist schlicht, aber komfortabel. Selbstbedienung. *Täglich drei Menüs (vegetarisch oder mit Fleisch) für 5,30 Euro | Mo–Fr 7.30–14.30 Uhr, Sa, So und Aug. geschl. | Schauflergasse 7 | Tel. 531 15 25 47 | U3 Herrengasse | 1. Bezirk*

WEIN & MORE
ZUR WILDSAU [152 C3]
Eine sympathische Heurigenschenke, direkt an der Mauer zum Lainzer Tiergarten gelegen, ohne Schnickschnack, mit eher schlichter Küche, Selbstbedienung und Holzbänken, die einfach in der Wiese stehen. Das Preisniveau ist erfrischend niedrig – ein Achterl gibt's ab 1,30, Brote und kleine Speisen ab 2,60 Euro. Hinzu kommen die herrliche Aussicht und ein bunt gemischtes Publikum. Zusatzplus: der große <mark>Garten mit Kletterbaum und Sandkiste für kleine Gäste.</mark> *April–Okt. Mo–Fr 17–23, Sa, So und feiertags 12–23 Uhr | Slating 22 | Tel. 06 64/325 84 88 | www.wildsau.at | U4 Ober St. Veit, ab dort Bus 54B od. 55B, Ghelengasse | 13. Bezirk*

Insider Tipp

ZWÖLF-APOSTELKELLER [133 E2]
Geschichtsträchtiger geht's nimmer: Manche der Gewölbe sind über 900 Jahre alt. Die Speisekarte präsentiert, dem Rahmen entsprechend, Traditionelles mit Hang zum Deftigen: Wurst- und Schlachtplatte, Braten, Spanferkel und Grammelknödel (mit Fettgrieben versetzte Teigknödel). Das Preis-Leistungs-Verhältnis ist top, vor allem angesichts der Lage, nur drei Minuten vom Stephansdom entfernt. *Hauptgerichte ab 6,50, Suppen und Würstel ab 2,40 bzw. 3,20 Euro | Tgl. 11–24 Uhr | Sonnenfelsgasse 3 | Tel. 512 67 77 | www.zwoelfapostelkeller.at | U1, 4 Schwedenplatz | 1. Bezirk*

Bild: Selbstbedienungslokal der komfortablen Art – der Alte Hofkeller

KUCHLMASTEREI [144 B2]

Opulentes zum Schwelgen in jeder Hinsicht: Niky Kulmers (Küchen-)Philosophie adelt traditionelle regionale Speisen zu üppigen Festmahlen. Ergänzend zur umfangreichen Speisekarte der Kuchlmasterei gibt es von 12–18 Uhr eine spezielle Mittags-Menükarte mit ausgewählten Gerichten zu moderaten Preisen, wie Nikys wechselnder Tagesteller für 9 Euro. Die Gaumenfreuden reichen von klassisch zubereiteten Schneckengerichten über Hühnerkeule mit Oliven und Crèmepolenta, Ziegenkäseravioli auf Tomatenkompott bis hin zu Hummer-Spezialitäten aus dem hauseigenen Meerwasserbrunnen. Ein Gedicht. *Tagesteller 9 Euro | 12–24 Uhr, So und feiertags geschl. | Obere Weißgerberstraße 6 | Tel. 712 90 00 | www.kuchlmasterei.at | Bus N 29, Straßenbahn 1, O Radetzkystraße/Hintere Zollamtsstraße | 3. Bezirk*

MEIEREI IM STEIRERECK [133 F3]

Im Erdgeschoss tafelt man höchst exquisit im Steirereck, einem der absoluten Top-Restaurants in Österreich. Eine Etage darunter geht's stilmäßig legerer zu – und ungleich preisgünstiger obendrein. Was jedoch die Qualität von Service und Speisen anbelangt, macht die Meierei dem Gourmettempel, dem sie zugehört, alle Ehre: Sie ist eine lichtdurchflutete Milchbar mit weißen Möbeln und ultraschick gekleidetem Personal. Es gibt 120 Käsesorten aus mehr als einem Dutzend Ländern zum Vor-Ort-Essen oder Mitnehmen, dazu diverse Kaffees, Milch(mix)getränke und – weithin gerühmt – blechweise ofenfrisch täglich um 13 Uhr Apfel- und um 14 Uhr Milchrahmstrudel. Zudem kann man auch aus einer kleinen Hauptspeisenkarte mit Beuschel (Innereien in Sauce), Gulasch, Schnitzel und ein paar halbexotischen Raffinessen wählen. Hauptgerichte kosten 9–16, das wochentags am Abend, Sa und So aber mittags servierte 4-Gang-Menü 38 Euro. Nicht ganz billig, aber doch eine seltene Chance, an den Genüssen des Kocholymp teilzuhaben, ohne temporär zu verarmen. Im Sommer übrigens isst man auf der direkt über dem Wienfluss gelegenen Terrasse mit Blick ins Grün

ESSEN & TRINKEN
LUXUS LOW BUDGET

des Stadtparks, in dessen Herzen das Steirereck liegt. *Mo–Fr 8–23, Sa, So 9–19, Frühstück tgl. bis 12 Uhr, feiertags geschl. | Am Heumarkt 2A | Tel. 713 31 68 | www.steirereck.at | U 4 Stadtpark | 3. Bezirk*

ÖSTERREICHER IM MAK   [133 F2]

Ein ungewöhnliches Lokal, halb urbanes Gasthaus, halb postmoderne Bar-Lounge, umrahmt von der Pracht eines Ringstraßen-Palais, das nach seiner Eröffnung 2006 schnell zum In-Treff der Wiener Kunst- und Kulturschickeria avancierte. Zentralen Anteil am Erfolg haben zweifellos die Kreationen von Starkoch Helmut Österreicher, dem das weiträumige Etablissement auch seinen Namen verdankt. Sie mischen die klassische Wiener Küche mit zeitgemäßen Trends auf. Hauptspeisen schlagen mit 12–20 Euro zu Buche. Es gibt aber auch einen täglich wechselnden Mittagsteller um 6,40 Euro. Ein ganz spezielles Schmankerl ist der ab 18 Uhr vom Patron eigens zubereitete Schwammerl-leberkäs mit Senfgurkenragout (6,70 Euro). Besonders zu empfehlen: ein

Tisch im gläsernen Pavillonbau oder, sommers, im angrenzenden Garten. *Mittagsteller für 6,70 Euro | tgl. 8.30–1, Küche 8.30–23.30 Uhr | Stubenring 5 | Tel. 714 01 21 | www.oesterreicher immak.at | U3 Stubentor | 1. Bezirk*

PFARRWIRT   [135 D1]

Seit Sommer 2010 werkelt in dieser mit 800 Jahren ältesten Gaststätte Wiens Rainer Husar, einer der profiliertesten Gastronomen des Landes, hinter dem Herd. Das Ergebnis: Wiener Küche auf allerhöchstem Niveau, mit kleiner Karte (speziell auch für Vegetarier), exzellenter Weinauswahl und perfektem Service. Das Interieur ist elegant ohne Firlefanz, mit viel Holz, schweren Servietten und Silberbesteck. Abends sind die Tafelfreuden, der Qualität entsprechend, teuer. Gute Nachricht: Mittags kredenzt man tolle 2-, 3- und 4-Gänge-Menüs ab 11,50 Euro – das lohnt! Ideal zur Einkehr nach einem Spaziergang durch die Weinberge. *Tgl. 12–24 Uhr | Pfarrplatz 5 | Tel. 370 73 73 | www.pfarr wirt.com | U4 Heiligenstadt, dann Bus 38A | 19. Bezirk*

> **Ein Laden, in dem alles umsonst ist? Gibt's tatsächlich in Wien. Hier unser Einkaufszettel fürs kleine Budget**

Shoppen gehen, Bummeln, Spaß haben – und das alles, ohne viel Geld auszugeben? Das geht in Wien, aber meist nicht direkt in der City. Deshalb stellen wir auch Adressen vor, die tolle und wientypische Sachen in guter Qualität bieten, aber nicht so leicht zu finden sind: Shops mit besonderen Souvenirs, wie die Schneekugel-Manufaktur Perzy. Läden, die in Familientradition süße Spezialitäten herstellen wie der Süßwarenhersteller Manner. Oder Adressen, die bezahlbare Unikate österreichischer Designer führen. In diesem Kapitel finden Sie die Designer-Outlets, in denen auch die Wiener auf Schnäppchensuche gehen und Flohmärkte, die Lust aufs Stöbern machen. Aktuelle Lieblingsstücke führen Wiens Second-Hand-Shops ebenso wie Retroteile. Kuriosum: Es gibt sogar Läden, da kosten die Sachen einfach gar nichts. In anderen unterstützt man mit dem Einkauf Entwicklungshilfeprojekte oder Bedürftige. Sie wollen doch mal schauen, wo man angenehm und schnell viel Geld ausgeben kann? Dann sind die Kärntner und die Mariahilfer Straße oder die Land- und Praterstraße, Wiedner und Meidlinger Hauptstraße das richtige Terrain. Und sagen Sie nicht, wir hätten Sie nicht gewarnt …

SHOPPEN

FEINKOST

MANNER [152 C3]

Ein halbes Kilo Schokolade schon ab zwei Euro? Bei Manner gibt es solche Schnäppchen. Ab Werk bietet der Süßwarenhersteller Manner nicht nur Saisonartikel supergünstig, sondern auch Bruchware verschiedenster Sorten (0,5 kg für 2–5 Euro). 1890 gründete Josef Manner seine Süßwarenfabrik und brachte wenig später die Neapolitaner-Schnitte, einen Riegel aus dünnen Waffelschichten und Haselnusscreme auf den Markt. Heute kennt fast jeder die in den meisten Supermärkten erhältliche Süßigkeit. Auch wird sie erfolgreich in alle Welt exportiert. Im Stammgeschäft gegenüber dem Stephansdom sind neben den Schnitten, die rund 80 Cent kos-

ten, weitere sehr wienerische Spezialitäten wie Schoko-Bananen (24 Stück um 2,80 Euro) und Rum-Kokos-Kugeln (Packung 2,20 Euro) zu haben. *500 g Manner-Schokolade ab 2 Euro | Werkverkauf: Mo–Do 9–17, Fr 9–14 Uhr | Wilhelminenstraße 6 | Tel. 488 22 37 70 | Straßenbahn 44 Wattgasse | 17. Bezirk | City* [133 D2]*: tgl. 10–21 | Stephansplatz 7 (Ecke Rotenturmstr.) | www.manner.com | U 1, 3 Stephansplatz 1. Bezirk*

GESCHENKE & SOUVENIRS

ARTUP [133 D2]

Mode, Accessoires, Wohnkultur und außergewöhnliche Souvenirs österreichischer Designer gibt es in diesem Galerie-Shop zu erschwinglichen Preisen: Fairtrade-T-Shirts ab

29, Handschuhe ab 22, Bleistifte mit Swarovski-Kristall à 2,50, Gläser 10,50 Euro. Klingt nicht günstig? Ist es aber, denn alle Sachen sind Unikate oder wurden in Kleinserien hergestellt. *Mo–Fr 12–18.30, Sa bis 17 Uhr | Bauernmarkt 8 | Tel. 535 50 97 | www.artup.at | U 1, 3 Stephansplatz | 1. Bezirk*

Insider Tipp

MANUFAKTUR PERZY [152 C3]
Bitte schütteln und dann staunen! Wer ein ungewöhnliches Mitbringsel sucht, wird hier fündig: Seit über 100 Jahren bezaubern die original Wiener Schneekugeln Betrachter mit ihren Figuren und Miniaturen in Winterlandschaft. Die größte Auswahl gibt's im Schneekugelmuseum der Manufaktur Perzy, ausgewählte Stücke findet man in Souvenirshops. *Shop: Mo–Do 9–12, 13–15 Uhr | Museum: für mehrere Pers. Führungen nach Voranm. | Kugeln ab 6 Euro, im Museum freier Eintritt | Schumanngasse 87 | Tel. 486 43 41 | www.schneekugel.at | Straßenbahn 9 Sommarugagasse | 17. Bezirk*

Ein Klassiker, vielfach interpretiert: Die originale Sachertorte gibt's im Hotel Sacher

SHOPPEN

SACHER [132 C4]

Eine Sacher-Torte ist ein typisch wienerisches Geschenk, und im Hotel Sacher bekommen Sie garantiert das Original: Die Sachertorte erfand 1832 der Kochlehrling Franz Sacher. Er kreierte sie am Hofe Fürst Metternichs aus Eigelb, Zucker, ein wenig Mehl, Eischnee, einer Füllung mit Aprikosenmarmelade und Schokoladenmantel. Sein Sohn gründete das Luxushotel Sacher, wo die Torte bis heute hergestellt wird. Es gibt sie dort auch in Liliput-Größe mit 8 cm Durchmesser für 10,50 Euro – im Schmuckschächtelchen. *Mini-Sachertorte ab 10,50 Euro | tgl. von 9–23 Uhr | Sacher Confiserie Philharmonikerstraße 4 | Tel. 51 45 67 34 | www.sacher.com | U 1, 4 Karlsplatz, U 3 Stephansplatz | 1. Bezirk*

STAUD'S [142 A1]

In diesem Geschäft können Sie sich erstmal bei einem frisch gepressten Obst- oder Gemüsesaft entspannen – die werden hier nämlich im Viertel-Glas für 1,50 Euro kredenzt. So gestärkt kann man gleich auch noch original Wiener Mitbringsel für Freunde zu Hause einkaufen: Konfitüren, Gelees und süßsaures Gemüse produziert Hans Staud in seiner Fabrik in Wiens Multikulti-Zone, dem Brunnenmarkt, am Yppenplatz. Hier, im Stammgeschäft um die Ecke, kann man die gesamte, längst auch erfolgreich in alle Welt exportierte Produktpalette verkosten und, in Gläser gefüllt, als Souvenir mitnehmen. Für einfache Konfitüren zahlt man ab 2,30, für limitierte Spezialsorten bis 4,20, für leckere Kompotte um die 3 Euro. *Konfitüren ab 2,30, frisch gepresste Säfte ab 1,50 Euro | Di–Sa 8–12.30, Fr auch 15.30–18 Uhr | Yppenmarkt 93 | Tel. 406 88 05 21 | www.stauds.com | U6 Josefstädter Straße | 16. Bezirk*

KLEIDUNG

2ND DEAL [133 E2]

Mann oh Mann, neue oder neuwertige Designerware gibt's hier um bis zu 70 Prozent reduziert: Armani, Cerruti, D&G oder Calvin Klein, Joop, Prada, Versace oder Trussardi: Fast alle Luxuslabels der Herrenmodewelt sind hier vertreten. Anzüge, Mäntel, Jacken, Hemden, Pullover, ob Taschen, Gürtel, Schuhe oder Sonnenbrillen, alles gibt's zu echten Top-Preisen. *Designermode für Männer um bis zu 70 Prozent günstiger |*

Di, Mi 15–19, Fr 11–19, Sa 11–16 Uhr | Sonnenfelsgasse 5 | Tel. 946 84 50 | www.2nd-deal.at | U 1, 3 Stephansplatz | 1. Bezirk

AMICIS OUTLET [133 E3]

Man kann getrost sagen: Das ist wohl das schönste Outlet von ganz Wien! Ganz im Gustav-Klimt-Stil eingerichtet und schwarz-gold tapeziert, kann man bei angenehmer Musikbeschallung nach wahren Modeperlen tauchen! Wie im Amicis-Stammhaus finden sich exklusive Marken von Etro, Stella McCartney bis Trendlabels wie True Religion für die Hälfte. *Trendlabels um 50 Prozent günstiger| Mo–Fr 10–18.30, Sa bis 18 Uhr | Seilerstätte 24 | Tel. 513 81 62 | U 4 Haltestelle Karlsplatz | 1. Bezirk*

CARLA MITTERSTEIG [149 D2]

In diesem Laden der Caritas findet sich eine Riesenauswahl an Second-Hand-Mode, ganz normale Klamotten und Designerlabels, für Damen, Herren und Kinder. Dazu saisonale Spezialangebote wie Abendgarderobe, Faschingskostüme, Regen- und Badebekleidung. Originelle Accessoires aus vergangenen Tagen, vom Handschuhspanner und handbestickten Taschentüchern bis zu Perlentäschchen komplettieren das Angebot. Die humanen Preise: Wintermäntel ab 10, Herrenhosen ab 5, Damenkostüme ab 8 Euro. *Mo–Fr 9–18, Sa 9–13 Uhr | Mittersteig 10 | Tel. 505 96 37 | www.carla.at | Bus 13A Mittersteig | 5. Bezirk*

FREISTIL [133 D1]

Operngala und nix anzuziehen? Wenn Mann einen dunklen Anzug (65 Euro) oder Smoking (komplett um 100 Euro) braucht, wird er in diesem Second-Hand-Shop sicher fündig. Auch mit gebrauchten Wohnaccessoires, Glas-, Porzellanwaren und Souvenirs ist der Laden gut bestückt. Alte Sachen aus den Jahren 1900–1970 – zum Beispiel Whiskey-Gläser aus den 70ern (ab 10 Euro), Vasen (ab 15 Euro), Schubladen, gefüllt mit Allerlei (Blechdosen, Mokkatasse, Schmalzkrug etc. je 10 Euro), historische Postkarten für 1,80, Geldbörsen, Flaschenöffner und andere Kleinigkeiten ab 5 Euro. Kurz: Hier gibt es ==günstige Mitbringsel mit Wien-Bezug für die Lieben daheim==. *Mo–Fr 1–21, Sa 11–18 Uhr u. nach tel. Vereinbarung| Juden-*

> **www.marcopolo.de/wien**

SHOPPEN

gasse 4 | Tel. 535 94 77 | www.freistil.
at | U 1, 3 Stephansplatz | 1. Bezirk

FÜRNKRANZ FACTORY OUTLET [152 C2]

Die Wattgasse ist zwar ein bisschen
ab vom Schuss, das Outlet bietet aber
auf großer Fläche jede Menge tolle
und günstige „Muss-raus"-Ware von
Marken wie Armani Jeans, Brax, CK
Jeans oder Just Cavalli. Hier kann
man sogar ein Valentino-Täschchen
für 49 Euro das Stück ergattern.
Nette Label-Schnäppchen macht
man besonders zu Saisonbeginn,
wenn die letzte Kollektion der neuen
weichen muss. *Mo–Fr 10–18, Sa
10–17 Uhr | Wattgasse 48 (Eingang
Geblergasse) | Tel. 488 44 | Straßen-
bahn 44 | 17. Bezirk*

GIGI VINTAGE COUTURE [133 E3]

Seit 35 Jahren gehen in dieser Se-
condhand-Boutique Stammkundin-
nen erfolgreich auf die Suche nach
bestens erhaltenen Designerstücken.
Mehr als 1000 Artikel, vom Sommer-
kleid (ab 50 Euro), Kostüm (ab 100
Euro) und Mantel (120 Euro) bis zur
Bluse (ab 40 Euro), zum Schuh (ab
60 Euro) und Ohrring (ab 25 Euro)
warten auf neue Besitzerinnen. Zu-
satzplus: die exzellente Beratung.

*Mo–Do 10–18, Fr 10–19.30, 1. Sa im
Monat bis 17 Uhr | Zedlitzgasse 11 |
Tel. 513 04 95 | www.gigi-vintage.at |
U3 Stubentor | 1. Bezirk*

MAJA-TAUSCHBOUTIQUE [140 A5]

Hier lohnt eine Stippvisite aus vielen
Gründen: Sie suchen schicke neu-
wertige Marken- und Designerklei-
dung für Damen, Herren oder den
Nachwuchs? Ein paar Accessoires
wären nett? In der Maja-Tauschboutique gibt's das alles und noch viel
mehr: zum Beispiel Spielwaren, Ba-
bysachen, Sportartikel für Kinder,
Ballkleider und Faschingskostüme.
Die Sachen sind hochwertig und gut
erhalten – aber um 40–60 Prozent
günstiger als vergleichbare Neuware.
*Mo–Fr 10–12.30 und 15–18 Uhr
(und tel. Vereinbarung)| Rotenstern-
gasse 30 | Tel. 212 41 74 | www.maja.
at | U1 Leopoldau | 2. Bezirk*

POLYKLAMOTT [148 C1]

Dieser Laden bietet einen tollen Not-
fall-Service für wenig Geld: Im 24-
Stunden-Automat vor dem Second-
Hand-Geschäft Polyklamott kann
man sich für nur 5 Euro im Winter
eine Kopfbedeckung und im Sommer
eine Badeklamotte holen. An einzel-

78 | 79

nen Tagen gibt's im Laden Mode per Gewicht, ein Kilo Kleidung kostet bei diesen Aktionen dann nur 9,90 Euro. Ansonsten ist das Polyklamott Anlaufstelle für eine junge, vornehmlich weibliche Kundschaft, die originell gestylte Secondhand-Stücke sucht. Bunt bedruckte Tops und T-Shirts (ab etwa 8 Euro), Pullover aus den Siebzigern (für 20 Euro), Blusen (14 Euro), Kleider (inkl. Gürtel ab 30 Euro), Halstücher (7 Euro), dazu passende Stiefel, Brillen, Schmuck. *Mo–Fr 11–19.30, Sa 11–17 Uhr* | *Hofmühlgasse 6 | Tel. 969 03 37 | www.myspace.com/polyklamott_wien | U4 Pilgramgasse | 6. Bezirk*

PREGENZER-OUTLET [143 E5]

Der kleine Laden liegt zwei Straßen vom Original entfernt. Zwei Straßen, die sich aber lohnen zu gehen, denn hier gibt es Pregenzer Ware von Armani bis Closed, das meiste um etwa 50 Prozent reduziert. Auch zu empfehlen: Die Schmuckvitrine genau unter die Lupe zu nehmen, da finden sich trendige Einzelteile. *Designerla-*

Schicke Begleiter fürs Büro und fürs Shopping sind die Taschen von Garbarage

SHOPPEN

bels um 50 Prozent reduziert | Mo–Fr 12–18.30 Uhr | Favoritenstraße 2 | Tel. 586 57 58 | Straßenbahn 1 Haltestelle Paulanergasse | 4. Bezirk

TEXTIL-MÜLLER   [139 F5]

Seit Jahrzehnten eine Fundgrube für Hobbyschneider und -bastler: Hier kann man im großen Sortiment an Stoffen, Bändern, Borten und Knöpfen wühlen. Außerdem zu finden: eine Riesenauswahl an Deko-Artikeln, Bastelbedarf und anderem Zubehör – schöne Glas-Nuggets etwa schon zu 1 Euro per Packung. Mo–Fr 8–13 und 14–18, Sa 8–13 Uhr | Krummbaumgasse 12 | Tel. 214 60 78 | U1 Taborstraße | 2. Bezirk; Zentrale: in Kritzendorf bei Klosterneuburg, Durchstichstraße 2 [152 C1], Mo–Fr 9–18, Sa bis 17 Uhr, Tel. 022 43/21 78 30 | beide: www.textil-mueller.at | S 40 ab U4 Spittelau

KUNSTHANDWERK DESIGN & MÖBEL

GARBARAGE   [143 E5]

Sie sehen genauso schick aus wie vergleichbare Modelle von Freitag & Co, kosten aber nur ein Drittel: Garbarage verkauft bunte Taschen aus alten Aktenordnern (ab 40 Euro) und andere sehr originelle Sachen aus alten, teilweise bereits entsorgten Materialien, etwa Vasen aus PET-Flaschen und Fußbällen (ab 35 Euro). Recycling in sozialer Mission, denn alles bei Garbarage wird von Langzeitarbeitslosen oder Jugendlichen mit Drogenproblemen fabriziert. Mo–Fr 10–18, Sa bis 15 Uhr | Schleifmühlgasse 6 | Tel. 585 76 32 | www.gabarage.at | U4 Kettenbrückengasse | 4. Bezirk

CARLA NORD   [153 D2]

Hausrat und Möbel, Klamotten und Bücher soviel das Herz begehrt: Hier sollte man viel Zeit und große Einkaufstaschen mitbringen. Ob Nudelsiebe aus Email, Thonet-Sessel, Marken-Porzellan, Vasen oder Plastikgeschirr aus den 70-er-Jahren – im Fundus dieses Caritas-Shops stößt man auf Dinge, deren Existenz man vielleicht nicht einmal geahnt hat – aber nun unbedingt haben möchte. Taschenbücher ab 50 Cent, Schalen aus Gmundner Keramik um 5, ein englisches Service um 30, einen Jugendstilstuhl um 25 Euro. Mo–Fr 9–18, Sa 9–13 Uhr | Steinheilgasse 3 | Tel. 259 85 77 | www.carla.at | Bus 28, 29A Hawlicekgasse | 22. Bezirk

80 | 81

DIE SCHENKE [142 B2]

Kapitalismuskritik im kleinen Rahmen, praxisorientiert und selbstorganisiert: Die Betreiber des „Vereins zur Förderung solidarischer Lebensformen" experimentieren erfolgreich mit einer neuen Art der Schenkökonomie, die auf lokaler Ebene das herkömmliche Organisationsprinzip des Kaufens und Verkaufens ersetzen soll. Und so funktioniert's: Viele Leute haben nützliche Dinge, vom Kleidungsstück bis zur Brotmaschine, vom Spielzeug bis zum Buch, daheim herumliegen, die sie nicht mehr, aber andere aber vielleicht sehr wohl brauchen. Diese kann man hier einfach abgeben bzw. mitnehmen. Vorbei schauen und stöbern lohnt. Im zugehörigen, auf Spendenbasis betriebenen Café kredenzt man Kuchen, Getränke, kleine Speisen; auch wird in einer „offenen Küche" gemeinsam gekocht und gespeist. *Mo, Di, Do 15–20 Uhr (Di nur für Frauen) | Pfeilgasse 33 | www.umsonstladen.at | U6 Thaliastraße, Straßenbahn 46 | 8. Bezirk*

MÖBELDEPOT [152 C4]

Man muss in Wien schon ein Stückchen fahren, um echt gute und günstige Möbelstücke zu finden. Im 23. Bezirk, in einer riesigen Teehalle, verkauft Besitzer Tom Killian wahre Möbelschätze aus Indien, Bali oder Thailand, alles Mitbringsel seiner Abenteuerreisen. Die Preise wechseln sich ab, mal günstig, mal kostspieliger. Handgeknüpfte Liegen aus Indien kosten 790, schöne, dekorative Lampen 65 Euro. Direktimport ohne Zwischenhandel aus Indien und China – damit garantiert das Möbeldepot „konkurrenzlose Preise für hochwertige, zeitlos schöne Einzelstücke" lautet das Geschäftsgeheimnis vom Möbeldepot. *Do, Fr 12–21, Sa 10–16 Uhr | Karl-Tornay-Gasse 34 | Tel. 0650/204 94 00 | www.moebeldepot.at | U6 Haltestelle Siebenhirten oder Bus Linie 255/265 Haltestelle Karl-Tornay-Gasse | 23. Bezirk*

MÄRKTE

FLOHMARKT AM NASCHMARKT [143 D5]

Ab und zu findet man hier bestimmt noch einen kostbaren Schatz: Dieser wöchentlich auf einem riesigen Parkplatz abgehaltene Flohmarkt ist eine Fundgrube. Denn das Sortiment ist groß und birgt gelegentlich durchaus Schnäppchen. Es gibt einfach nichts, das es hier nicht gibt. Für Literatur-

> www.marcopolo.de/wien

SHOPPEN

freunde sind die reich sortierten Stände mit Secondhand- und antiquarischen Büchern eine Versuchung. *Ganzjährig Sa 6.30–18 Uhr | Linke Wienzeile, bei der Station Kettenbrückengasse der U4 | 6. Bezirk*

FLOHMARKT FUCHSENFELDHOF [148 A5]
Ein Geheimtipp für alle, die gerne warm und überdacht stöbern: In hellen, gepflegten und beheizten Räumen bieten die Händler einen kunterbunten Mix an Waren: Modeschmuck (ab 1 Euro), Elektrogeräte (ab 3 Euro), Möbel (ab 2 Euro), Gläser und Porzellan (ab 20 Cent), Spiele. Alles ist gebraucht, aber gut in Schuss und schlichtweg spottbillig. Außerdem gibt es auf dem Flohmarkt ein täglich wechselndes Menü zu unschlagbaren Preisen – die Tagessuppe kostet nur 1,40 und ein

CLEVER!
> *Gutes Gewissen beim Einkaufen*

Der Österreich-Ableger des „Vereins für Entwicklungszusammenarbeit – HUMANA People to People" sammelt, wie die anderen Mitglieder mittlerweile in 30 Ländern, gute, tragbare Kleidung. Diese wird entweder direkt an Schwesterorganisationen in der Dritten Welt gesandt oder in eigenen Läden verkauft. Da kosten Hemden und Jacken ab 5 Euro, Herrenanzüge ab 20 Euro, und man hat mit seinem Einkauf noch etwas Gutes getan: Mit dem Erlös unterstützt HUMANA 120 Entwicklungsprojekte im südlichen Afrika. Folgende der neun Wiener Filialen seien ganz speziell empfohlen: *Landstraßer Hauptstraße 137 A* **[150 C1]**: *In dem ehemaligen, heute denkmalgeschützten Kino gibt's eine große Auswahl Kleidung. Mo-Fr 9-18, Sa 9-15 Uhr | Tel. 713 35 59 | U3 Kardinal-Nagl-Platz | 3. Bezirk; Löwengasse 37* **[148 B2]**: *Kleidung, Bücher, Schallplatten und Filme. Mo-Fr 9-18, Sa 9-13 Uhr | Tel. 714 24 57 | U3, 4 Landstraße | 3. Bezirk; Simmeringer Hauptstraße 47* **[155 E4]**: *Neben Kleidung findet man in der jüngsten Filiale auch Heimtextilien und Accessoires. Mo-Fr 9-18, Sa 9-15 Uhr | Tel. 748 93 13 | U3 Zippererstrasse | 11. Bezirk*

Hauptgericht Marke Cevapcici oder überbackener Broccoli gibt es schon für 2,50–3,90 Euro. *Di–Fr 10–19, Sa 10–18 Uhr | Längenfeldgasse 68 | Bus 63A, Straßenbahn 62 Flurschützgasse | 12. Bezirk*

MUSIKALIEN, SPIELE VIEDEOS, ETC.

DOBLINGER [132 C2]

In dieser traditionsreichen Musikalienhandlung erwartet Besucher eine große Auswahl an Fachbüchern, Unterrichtsliteratur, CDs und Noten zu E- und U-Musik. Im zugehörigen, erst kürzlich erweiterten Antiquariat lässt sich nach kostbaren Erstdrucken, Second-Hand-Noten und Büchern suchen, die teilweise mehr als 50 Prozent günstiger sind. Der hauseigene Musikverlag hat rund 15 000 Titel im Programm. *Mo–Fr 9.30–18.30, Sa 10–13 Uhr | Dorotheergasse 10 | Tel. 515030 | www.doblinger.at | U1,3 Stephansplatz | 1. Bezirk*

TEUCHTLER [142 C4]

Wer in diesem exquisiten Second-Hand-Shop stöbert, der stößt auf alte

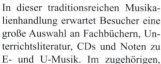

@ WWW.MARCOPOLO.DE

> **Ihr Reise- und Freizeitportal im Internet!**

> Aktuelle multimediale Informationen, Insider-Tipps und Angebote zu Zielen weltweit ... und für Ihre Stadt zu Hause!
> Interaktive Karten mit eingezeichneten Sehenswürdigkeiten, Hotels, Restaurants etc.
> Persönliche Merkliste: Speichern Sie MARCO POLO Tipps, ergänzen Sie Ihre Notizen und drucken sie für die Reise aus!
> Inspirierende Bilder, Videos und Reportagen aus fernen Ländern und Metropolen!
> Gewinnspiele mit attraktiven Preisen!
> Bewertungen, Tipps und Beiträge von Reisenden in der lebhaften MARCO POLO Community: *Jetzt mitmachen und kostenlos registrieren!*

> Praktische Services wie Routenplaner, Event-Kalender und Fotoservice mit MARCO POLO Reisefotobüchern!

Abonnieren Sie den kostenlosen MARCO POLO Newsletter ... wir informieren Sie 14-täglich über Neuigkeiten auf www.marcopolo.de

 MARCO POLO speziell für Ihr Handy! Zahlreiche Informationen aus den Reiseführern, Stadtpläne mit 100 000 eingezeichneten Zielen, Routenplaner und vieles mehr: mobile.marcopolo.de (auf dem Handy), www.marcopolo.de/mobile (Demo und mehr Infos auf der Website)

SHOPPEN

Schellack-Platten, LPs mit Fußballreportagen, Klassik-Raritäten, modernen Rock und Pop sowie seltene Jazzscheiben aus Osteuropa. CDs und LPs ab 1, DVDs und Schellacks gibt es ab 3 Euro! Ein Pluspunkt zum spannenden Sortiment ist die überaus fachkundige Betreuung. *Mo–Fr 13–18, Sa 10–13 Uhr | Windmühlgasse 10 | Tel. 586 21 33 | U2 Mariahilferstraße | 6. Bezirk*

SCHMUCK & ACCESSOIRES

KAUFHAUS SCHIEPEK & SHIPPING   [143 D2]

Ein kleines Paradies für Schmuckliebhaberinnen: Perlen in allen Formen und Farben zum Selbst-Fädeln, aufsehenerregende Halsketten (ab 2,50 Euro) und Ohrgehänge (ab 6 Euro) plus Accessoires wie Shopper-Taschen (ab 15 Euro) hat das Kaufhaus im Angebot, aber auch herrlichen Deko-Kitsch aus aller Welt, wie etwa mexikanische Heiligenkerzen (ab 6,80 Euro), indische Lüster, Zimmeraltäre oder asiatische Glücksbringer (ab 2 Euro). *Mo–Fr 10.30–18.30, Sa 10–17 Uhr | Teinfaltstraße 3–4 | Tel. 53 315 75 | www.kaufhausschiepek.at | U2 Schottentor bzw. U 4 Kettenbrückengasse | 1. Bezirk*

SCHNÄPPCHEN-ALLERLEI

FRISEUR HEADQUARTERS   [143 D5]

Die Headquarters Academy ist eine private Friseurschule, deren Teilnehmer das Praxistraining im Headquarters Academy Trainingssalon absolvieren. Das bedeutet für die Nachwuchsfriseure: Übung, Übung, Übung. Und für die Kunden: preiswerte Haarschnitte. All jenen, die nun Angst haben, dass sie bei den Schnäppchenpreisen (zum Beispiel Waschen, Schneiden, Fönen für 20, Strähnchen für 26 Euro) kein Mitspracherecht beim neuen Schnitt haben, sei gesagt: keine Sorge, individuelle Wünsche werden nach ausgiebiger Beratung erfüllt und das immer unter Anleitung eines Profis. *Haarschnitt mit Waschen und Fönen für 20 Euro | Mo–Fr 10–19 Uhr | Schleifmühlgasse 15 | Terminvereinbarung unter der Tel. 581 10 42 | www.headQuarters.at | U4 Kettenbrückengasse | 4. Bezirk*

KOST-NIX-LADEN   [149 D2]

Ein äußerst ungewöhnliches, in Zeiten wie diesen geradezu sozialrevolutionäres Konzept, das – man kann's kaum fassen – toll funktioniert: An diesem „geldfreien Umschlagplatz für Gebrauchsgegenstände" wird nichts gekauft, ja nicht einmal getauscht. **Insider Tipp: Jeder „Kunde" darf ohne Gegenleistung mitnehmen, was er will,** allerdings maximal drei Dinge pro Tag. Einzige Bedingung: Er muss wirklich Verwendung dafür haben. Andererseits kann man natürlich auch Sachen vorbeibringen und abgeben – unter der Voraussetzung natürlich, dass sie funktionieren und zudem sauber sind. *Mo, Do und Fr 15–20 Uhr | Zentagasse 26 | www.kostnixladen.at | U4 Pilgramgasse | 5. Bezirk*

TAUSCHZENTRALE [142 B5]

Da bleibt kaum ein Wunsch unerfüllt: Auf über 700 m² kann man in dieser traditionsreichen Einrichtung von der normalen Jeans bis zu Hochzeitskleidern und schicken Markensachen alles finden. Dazu gibt es zu günstigen Second-Hand-Preisen Hausrat, Sport- und Spielgeräte sowie Bücher, CDs, Radios, Computer, Bilder, Teppiche, Antiquitäten, Elektrogeräte und Einrichtungsgegenstände. Das Geschäftsprinzip ist einfach: Die Tauschzentrale verkauft in Kommission gegebene Waren. *Mo–Fr 9–19, Sa 9–17 Uhr | Mariahilfer Straße 121 B | Tel. 523 93 94 | www.tz-tauschzentrale.at | U3 Westbahnhof | 6. Bezirk*

TCHIBO OUTLET [153 E2]

In einem Gewerbepark am nordöstlichen Stadtrand betreibt der Kaffee- und Markenartikelvertreiber Eduscho/Tchibo eine Kombination aus regulärer Filiale und Outlet. Dort kann man das Warenangebot abgelaufener Aktionen, etwa Haushalts- und Alltagsgeräte, Kleidung, Schmuck, nachträglich nochmal um durchschnittlich 20–50 Prozent reduziert erstehen. Eine wahre Fundgrube für passionierte Schnäppchenjäger! Bei der Gelegenheit lässt sich gleich auch noch ein guter Kaffee genießen – entweder kostenlos von der Eduscho-Kaffee-Maschine oder, frisch aufgebrüht, zum Niedrigpreis an der Theke. *Mo–Fr 9–19, Sa 8.30–18 Uhr | Gewerbeparkstraße 4 | Tel. 734 49 74 | www.tchibo.at | U1 Leopoldau, dann mit Bus 27A Erzherzog-Karl-Straße | 22. Bezirk*

VOLKSHILFE WÜRFEL [153 D2]

Gleich drei weitere Geheimtipps für alle, die gerne stöbern und schmökern, etwas Originelles oder beson-

> www.marcopolo.de/wien

SHOPPEN

ders Günstiges suchen. Wer hier eine Kuriosität, ein gebrauchtes Kleinmöbel oder ein antiquarisches Buch kauft, macht nicht nur sich, sondern auch anderen eine Freude. Denn der Betrieb dient dem Ziel, die Re-Integration von Langzeitarbeitslosen in die Arbeitswelt zu fördern. Die fast zu Flohmarktpreisen angebotenen Sachen stammen zumeist aus Haushaltsauflösungen und Dachbodenräumungen. *Mo–Do 8–16, Fr 8–12 Uhr | Scheydgasse 21–25 | Tel. 370 77 38 | www.beschaeftigung.volkshilfe.at | Straßenbahn 26 Rußbergstraße | 21. Bezirk*

Second-Hand-Outfit für schicke Ladys – und vieles mehr – gibt's in der Tauschzentrale

CHEGINI OUTLET [133 C2]
Das noble Chegini Outlet liegt in einem kleinen Innenhof versteckt in Wiens Top-Adresse: am Kohlmarkt 4. Chanel, Hermes und Dior gibt's hier um bis zu 70 Prozent reduziert. So ist das Outlet die erste Adresse für Markenfetischisten. Praktisch: Man kann beim Stadtbummel schnell mal vorbeispazieren und schauen, ob man ein Edelschnäppchen ergattern kann. Ideal für Menschen mit Übergrößen, die sind stets vorhanden! *Mo 14–18.15, Di–Fr 10–13 und 13.30–18.15, Sa 10–18 Uhr | Kohlmarkt 4 | Tel. 535 60 91 | U1 Haltestelle Stephansplatz | 1. Bezirk*

FIRST CLASS – SECOND HAND [146 A3]
„Stil ist keine Frage des Geldes", so das Motto von Jacky Maschek, die in ihrer Boutique in der Nähe von Schloss Schönbrunn ausschließlich Labels internationaler Top-Designer führt. Yves St. Laurent, Escada, Prada, Gucci, Cerruti, Chanel: Alle Stücke sind getragen, aber qualitativ erstklassig und gepflegt. Die Preise sind variabel, von etwa 200 Euro aufwärts. *Mo–Fr 10–13 und 14–18, Sa 10–13 , jeden 1. Sa im Monat bis 15 Uhr | Maxingstraße 4 | Tel. 877 17 22 | U4 Hietzing | 13. Bezirk*

MCARTHURGLEN DESIGNER OUTLET [132 C4]
Preiswerter wird man hochwertige Designerware von Markenartiklern wie Levi's, Nike, Tommy Hilfiger, Ralph Lauren, René Lezard, Diesel & Co. schwerlich finden. Insgesamt vereint das schicke, unmittelbar an der Ostautobahn A4 gelegene Outletcenter unter seinem Dach mehr als 150 Shops, in deren Regalen sich Produkte von mehr als 600 Markendesignern stapeln – alles um 20–70 Prozent günstiger als reguläre Ware. Das Schnäppchenparadies liegt rund 30 Autominuten entfernt im Burgenland. *Mo–Fr 9.30–19, Sa 9–18 Uhr | Parndorf | Designer Outlet Straße 1 | Tel. 216 63 614 | www.designeroutletparndorf.at | jeden Fr 11–18 und Sa 9–17 Uhr verkehrt zu jeder vollen Stunde ein Direkt-Shuttle-Bus zwischen Wiens City und dem Outlet | Tickets 8 Euro | Haltestelle in Wien: vis-á-vis der Oper (Haupteingang), Opernring 3–5 | 1. Bezirk*

SHOPPEN

LUXUS LOW BUDGET

KUNSTSUPERMARKT [142 B5]

Kunst erschwinglich machen, so lautet das Motto dieses ganz speziellen Supermarktes, der zwei Wintermonate lang seine Pforten öffnet. Etwa 70 Gegenwartskünstler, darunter gut ein Dutzend Österreicher, verkaufen während dieses Zeitraums Originalarbeiten. Zu erwerben sind sowohl Zeichnungen, Aquarelle, Acryl- und Ölgemälde als auch Fotografien und Kleinplastiken. Die Preise liegen zwischen ca. 50 und 300 Euro. *Mitte Nov. bis Mitte Jan. Mo–Fr 11–19, Sa 10–18 Uhr | Mariahilferstraße 103 (Passage) | Tel. 06 64 73 97 43 99 | www.kunstsupermarkt.at | U3 Zieglergasse | 6. Bezirk*

NEUE WIENER WERKSTÄTTEN OUTLET [142 A1]

Diesen Geheimtipp für Schnäppchenjäger von edlen Möbelstücken zu akzeptablen Preisen gibt es erst seit 2008. Damit man aber schon mal vorab das Konto überprüfen kann, kann man im Outlet-Onlineshop vorchecken. Schränke etwa gibt es um satte 1000 Euro billiger (z. B. Amadé Schrank Eiche, Listenpreis: 3506 Euro zum Schnäppchenpreis von 2200 Euro). *Mo–Fr 9–19 und Sa 9–17 Uhr | Jörgerstraße 9 | Wichtig: Voranmeldung unter Tel. 06 64 811 08 60 | www.neuewienerwerkstaette.com/ goto/de/outlet | U6 Haltestelle Alser Straße, Straßenbahnlinie 44 | 17. Bezirk*

VINTAGE FLO [143 D5]

Hier gibt's tolle, fast 100 Jahre alte Kleider neben psychedelischer 80er-Jahre Mode. Vintage Flo ist die angesagte Pilgerstätte für nostalgische Modeliebhaberinnen – das macht das Geschäft auch zu einem gefragten Ausstatter von Theater-, Film- und Fernsehproduktionen. In dem ausgefallenen Geschäft findet man mitunter Luxuriöses wie Charlston-Kleider aus den 1920er-Jahren. Edle Designerkleider aus den 40er-Jahren sind aber beispielsweise schon für bezahlbare 80–130 Euro zu haben. Gemäß dem Motto: Wer suchet, der findet – hier klappt's ganz bestimmt! *Mo–Fr 10–18.30, Sa 10–15.30 Uhr | Schleifmühlgasse 15a | Tel. 586 07 73 | www.vintageflo.com | Bus 59A Haltestelle Schleifmühlgasse | 4. Bezirk*

> Coole Musik, schräge Clubs, Happy Hour – Wiener Nächte sind lang, aber nicht unbedingt teuer

Nachts werden in Wien ganz andere Saiten aufgezogen! Dann klingt die Weltmetropole der klassischen Musik vielerorts jung, experimentell, schräg. House, Techno und Hip-Hop, Indierock, experimentelle Musik und Jazz kann man in der österreichischen Hauptstadt allabendlich erleben. Wiener Sampling- und Remixing-Stars füllen bei Live-Gigs Clubs und Konzertbühnen. Selten wird viel Eintritt verlangt.

Im Café Carina, im legendären B72 oder im Café Concerto kosten viele Konzerte sogar gar nichts. Schluss ist oft erst im Morgengrauen. Auch die Bar- und Kaffeehaus-Szene klappt übrigens längst nicht mehr, wie früher, vor Mitternacht die Gehsteige hoch. In vielen Locations kann man zudem günstig Spaß haben – dank Happy Hour oder anderen Sonderaktionen oft sogar in schicken Locations, wie etwa dem Ride Club.

Übrigens: Kneipen müssen, wo möglich(!), Raucher- und Nichtraucherbereiche einrichten. Das lässt jede Menge Platz für Interpretationen. Rechnen Sie also lieber nicht mit rauchfreien Zonen. Und genießen Sie Wien bei Nacht trotzdem: Der Mix aus österreichischer Gemütlichkeit und coolem Weltstadt-Flair ist einfach einzigartig …

NACHT LEBEN

BARS, CLUBS, PARTIES

FLUC [140 B5]

Seit langem ein Fixpunkt der Wiener Nacht- und Musikszene und ein Pionier des Partylebens in der Prater-Gegend: Das Fluc erhebt sich über einer zum Tanztempel namens Fluc-Wanne umfunktionierten Fußgängerpassage und lockt allabendlich scharenweise hippe Jugend und Jung-Künstler zum Abtanzen und Zuhören. Zudem gibt's regelmäßig Kunstaktionen und -ausstellungen. Oberirdisch gilt immer: Eintritt frei, für Events in der Wanne ist ein moderater Obolus fällig. *Tgl. 18 bis ca. 4, DJs ab 21, live ab 22 Uhr | Praterstern 5 | kein Tel. | www.fluc.at, auch www.tanzmatratze.org | U1, 2 Praterstern | 2. Bezirk*

LA BOULE [142 B2]

Es ist wie mit den Aktien, da weiß man ja auch nicht immer, wie sich der Kurs entwickelt: Im Boule gibt's ==montags die sogenannte Getränkebörse== – die Preise der beliebtesten Drinks variieren dann, bezahlt wird, was die Digital-Leinwand zum Zeitpunkt der Bestellung anzeigt. Blinkt der Preis, steht eine Änderung kurz bevor – ob rauf oder runter, weiß vorher keiner. Weitere Specials: Dienstag ist Spritzer Night, eine Weißweinschorle kostet dann nur 1,70 Euro. Am Donnerstag gibt es 0,5 l Ottakringer-Bier um 2,10 Euro. Zwischen 22 und 23 Uhr gibt's jeden Tag Happy Hour mit Sonderpreisen. Für klassische Kneipenunterhaltung ist gesorgt: mit Tischfußball, Flipper,

Insider Tipp

90 | 91

Dart sowie zwei Großbildschirmen für Sportevents. *Mo–Sa von 18–4, So 15–2 Uhr | Pfeilgasse 8 | Tel. 405 82 43 | www.laboule.at | Straßenbahn 46 Strozzigasse | 8. Bezirk*

SOHO VIENNA [136 B4]

Cocktails für 2,50 Euro, und das den ganzen Abend! Diese zu Füßen von Wiens höchstem Wolkenkratzer gelegene Bar ist besonders bei jungem Publikum beliebt. Die singen im Soho Vienna Karaoke und schlürfen günstige Mixgetränke. *Cocktails 2,50 Euro | Mo–Do 17–2, Fr, Sa bis 4 Uhr | Handelskai 94–96 | Tel. 0664 5 15 97 86 | www.sohovienna.at | U 6 Handelskai | 20. Bezirk*

TRANSPORTER BAR [143 D5]

Irgendwie sehr berlinerisch vom Flair her: Die kahlen Wände und die

Cocktails mit Live-Show: im Soho Vienna gehört Karaoke zum guten Ton

NACHTLEBEN

knallbunten Plastiksitzschalen, die einst im Fußballstadion ihren Dienst versahen, sind ultra-cool. Trotzdem ist die Transporter Bar gemütlich. Was in dem kühlen Ambiente die Seele wärmt: das so unkonventionelle wie sympathische Publikum, die leckeren Snacks und Drinks (Bio-Weißwein für 2 Euro), der Tischtennis-Tisch, vor allem aber die Musik. Sie klingt mal nach Hiphop, mal nach Hardcore-Gitarren und kommt meist vom Laptop, manchmal aber auch live von Bands mit markanten Namen wie „Aber das Leben lebt" oder „Praxis Dr. Blake mit Laminat". *Eintritt frei | Wein 2 Euro | Mo–Sa ab 19 Uhr | Kettenbrückengasse 1/Ecke Margaretenstraße 54 | www.transporterbar.at | U 4 Kettenbrückengasse | 5. Bezirk*

WIRR   [142 B3]

Skurrile Mischung aus Beisl und Lounge mit Abstract Art und gemaltem Alpenpanorama an den Wänden. Ganztägig werkeln kreative, bio-bewegte Köche an den Töpfen, abends in Szenekreisen hoch gepriesene DJs an den Plattentellern. Jeweils Mittwoch bis Samstag gibt's schräge Tanzparties. Mittagsmenüs ab 6,40,

abends kleine Gerichte ab 3,20, ein Glas Wein ab 1,80, Cola und diverse Säfte für 2,40 Euro. Party-Tickets 3–5 Euro. *Mo–Mi 11–2, Do, Fr 11–4, Sa und So ab 10 Uhr | Burggasse 70 | Tel. 929 40 50 | www. wirr.at | Autobus 13A Neubaugasse/Burggasse | 7. Bezirk*

CAFÉS

HAWELKA   [133 C3]

Wiens prominente Künstlerbohème, die noch in den Achtzigern hier Nacht für Nacht ihre Zelte aufschlug, ist mittlerweile mehrheitlich Studenten und Touristen gewichen. Doch Behaglichkeit, Platznot, Zigarettenqualm, die leichte Abgenutztheit des Interieurs und, vor allem, die ab 22 Uhr servierten heißen Dukatenbuchteln (Dampfnudeln für 4,80 Euro) schmecken noch immer so vorzüglich, wie Georg Danzer sie im Lied vom „Nackerten im Hawelka" besang. *Mo, Mi–Sa 8–2, So und feiertags 10–2 Uhr | Dorotheergasse 6 | Tel. 512 82 30 | www.hawelka.at | U 1, 3 Stephansplatz | 1. Bezirk*

KLEINES CAFÉ   [133 D3]

Der Allerweltsname dieses winzigen Lokals ist allen Wiener Nachtschwär-

92 | 93

mern ein Begriff. Gegründet wurde es als einer der ersten Künstler-Treffs schon 1970. Das Hippie- und Intellektuellen-Publikum von einst ist naturgemäß in die Jahre gekommen, aber das von Kult-Architekt Hermann Czech gestaltete Interieur ist immer noch eine Augenweide, die Musik mit Liebe ausgewählt, das Preisniveau – Brote ab ca. 1,50, Kaffees ab 2,50 Euro – leicht verdaulich. Und der autofreie Platz davor, auf dem man steht oder sitzt, wenn das Lokalinnere, wie so oft, aus allen Nähten platzt, bietet nach wie vor eine Altstadtkulisse wie sie schöner kaum sein könnte. *Mo–Sa 10–2, So 13–2 Uhr | Franziskanerplatz 3 | U1, 3 Stephansplatz | 1. Bezirk*

MERKUR [142 C1-2]

Beliebter Studenten- und Künstler-Treff: Das Sortiment internationaler Zeitschriften ist stattlich, eine gratis Internet-Ecke vorhanden und die Küche bis nach 1 Uhr früh unschlagbar preiswert und gut. Kleinigkeiten wie Salate, gefüllte Fladenbrote etc. ab 2,50, alle Hauptspeisen 6, Getränke 2 bis 3 Euro, tgl. zwei Mittagsmenüs um 5 Euro. *Tgl. 10–2, Frühstück Mo–Fr bis 12, Sa, So bis 17 Uhr |* *Lammgasse 1 | Tel. 9905413 | www.cafemerkur.at | U2 Rathaus | 8. Bezirk*

PETERS OPERNCAFÉ [133 E3]

Dieses Jugendstillokal ist keine Bar, kein Restaurant und kein Kaffeehaus, sondern eine Institution. Opernbegeisterten dient es als Ort der Begegnung und Diskussion. Das Gästebuch liest sich wie ein Who´s who der Opernwelt: Dirigenten wie Karajan oder Bernstein, die Baltsa, José Carreras – alle waren sie da. Die Wände sind tapeziert mit Programmzetteln und Schwarz-Weiß-Portraits jener Stars, die auf der Bühne der Staatsoper brillierten. Wenn dort der Vorhang gefallen ist, ==kommen viele Sänger mit einer Schar treuer Verehrer im Schlepptau== auf einen Late-Night-Snack vorbei. Patron Peter Jansky serviert ihnen dann kulinarische Kleinigkeiten (Toast 3,50, Gulaschsuppe 4 Euro), ein Gläschen Wein (ab 2,40), einen Kaffee (ab 2,20 Euro), und dazu über Lautsprecher – wie könnte's anders sein – Arien, Arien, Arien. *Di–Sa 18–2 Uhr, Juli, Aug. geschl. | Riemergasse 9 | Tel. 5128981 | www.petersoperncafe.at | U3 Stubentor | 1. Bezirk*

> **www.marcopolo.de/wien**

NACHTLEBEN

PHIL [132 B5]
Ein anregender Mix aus Café und Buch-, CD- und DVD-Laden im Retrodesign: Bei Espresso (um 2,10 Euro) oder Bio-Fruchtsaft (3,10 Euro) und einem Snack (ab 3 Euro) studiert man die in Speisekartenform gedruckten Verkaufslisten und kann sich aus dem Regal greifen, was einen interessiert und darin – kostenlos, versteht sich – schmökern. Auch Möbel und Wohnaccessoires können erstanden werden, Vasen, Gläser und Schmuck zum Beispiel ab 12 Euro. *Mo 17–1, Di–So 9–1 Uhr | Gumpendorferstraße 10–12 | Tel. 58 10 48 9 | www.phil.info, | U 1, 2, 4 Karlsplatz | 6. Bezirk*

SUPERCAFÉ [142 A5]
Glas, Holz, sanftes Licht und Pastellfarben: Diese Design Bar wirkt

Kneipe mit guten Einkaufsmöglichkeiten: Im Phil gibt's auch Bücher, CDs und Accessoires

schön schlicht. Zur skandinavischen Behaglichkeit tragen die entspannten Öffnungszeiten bei, die Lage an Wiens prominentester Einkaufsstraße, drei Gehminuten vom Westbahnhof, und vor allem das mehr als faire Preisniveau. Cocktails und Longdrinks kosten zwischen 4,50 und 8 Euro, Salate und Antipasti-Starter (ab 2,50 Euro), Pasta und Tandoori-Gemüse (ab 3,30 Euro) plus Beilagensalat für nur 95 Cent. Tapas ab 1, Sandwiches ab 2, Riesenburger ab 2,50 Euro. Espresso gibt's ab 1,60, Melange, Cappucino, Americano 2,50, Caffé latte 3,20 Euro. Einfach unschlagbar! *Tgl. 8–2 Uhr | Mariahilfer Straße 146 | Tel. 06 99 81 14 63 39 | www.supercafe.at | U3 Westbahnhof | 15. Bezirk*

KULTUR GEMIXT
CAFÉ CARINA [142 B2]

Da fährt die U-Bahn drüber: Das Lokal mit dem charmant-schrägen Flair ist in einer wunderschönen, einst von Otto Wagner gestalteten Jugendstil-U-Bahn-Station zu Hause und ein Kraftort der nichtkommerziellen Kreativszene Wiens. Strikt selbstverwaltet, kommt hier nahezu täglich Kleinkunst live auf die Bühne – Konzerte, Kabarett, Lesungen, Film, Video, Performance, vor allem aber Musik sämtlicher U-Genres. Alle Veranstaltungen sind kostenfrei. Gute Stimmung, originelles Publikum. Drinks und Snacks sind allerdings nur mittelbillig – Säfte 1,80, Bier 3,40, Suppen, Würstel, Toast etc. ab 3,50 Euro. *Eintritt frei | Mo–Sa 18–2 Uhr (Fr und Sa manchmal länger) | Josefstädter Straße 84 | Tel. 40 643 22 | www.cafe-carina.at | U6 Josefstädterstraße | 8. Bezirk*

ROTE BAR IM VOLKSTHEATER [142 C3]

Der ideale Treffpunkt für Querdenker und schräge Vögel: Gute Drinks (ab 3 Euro) und leichte Speisen (ab 8,50 Euro), Sonntagsbrunch nach Voranmeldung. Jeden Montag und Donnerstag nach Ende der Theatervorstellung gibt's Barmusik am Klavier, Dienstags Jazz mit jungen heimischen Talenten, Mittwochs die Reihe „Wort & Spiele", für Liebhaber spannender Literaturexzesse und provokanter Performances. Und mehrmals im Monat steht der Radio-Wien-Literatursalon auf dem Programm. Am Wochenende, von Sa 23 bis So 4.30 Uhr früh, verwandelt sich der elegante, mit Kristallüstern,

> *www.marcopolo.de/wien*

NACHTLEBEN

Marmorsäulen, viel Stuck und roten Draperien verzierte Salon in den Club New Amsterdam, eine von tollen DJs und Bands bespielte Clubbing-Location. *Teilweise Eintritt frei, teilweise 5–7 Euro | tgl. 18.30–1 Uhr | Neustiftgasse 1, im Volkstheater | Tel. (tagsüber) für Programminfos: 52 11 10 | für Tischreservierungen: 06 99 15 01 50 13 | www.volksthea ter.at | für Club New Amsterdam: www.diehollanderkomme.com | U 2, 3, Straßenbahn 49 Volkstheater | 7. Bezirk*

LIVE-MUSIK

B72 [142 B1]

Diese Musik-Live-DJ-Bar ist fester Bestandteil der Lokalmeile in den sogenannten Stadtbahnbögen. Mit kleinen, feinen Konzerten hat sich der gemütliche Club einen Ruf als musikalischer Feinkostladen abseits des Mainstreams erarbeitet. Reggae, Indie-Rock, Elektropop gibt's aber auch bei den täglichen Clubveranstaltungen zu hören. *Eintritt in der Regel frei, bei ausgewählten Konzerten Tickets ab 5 Euro | tgl. 20–4 Uhr | Hernalser Gürtel | Stadtbahnbogen 72–73 | Tel. 409 21 28 | www.b72.at | U 6 Alser Straße | 8. Bezirk*

CAFÉ CONCERTO [142 A2]

Willkommen in diesem etwas anderen Wiener Café! Im Obergeschoss sitzt man im farbenfroh und mit Stechpalmen möblierten Kaffeehaus und genießt preiswerte Getränke (Weißwein-Schorle oder große Cola zum Beispiel für 2,30 Euro) und Imbisse wie Würstchen oder belegte Brote (1,70 Euro). Einen Stock tiefer im Kellergewölbe gibt's Live-Musik aller Genres: Irish-Scottish Folk, neues Wienerlied, Musik aus dem Orient und neue Volxmusik. Außerdem im Programm: Lesungen, jeden Dienstag ab 21 Uhr Jazz-Session und regelmäßig feine DJ-Lines. Im Party-Raum stehen Tischfußballtische und eine Videoleinwand für Sportübertragungen. Im Sommer kann man draußen sitzen. *Eintritt zu Veranstaltungen meist frei, sonst 5–7 Euro | Di– Sa Cafe 19–2, Keller 21–mindestens 4 Uhr | Lerchenfelder Gürtel 53 | Tel. 406 47 95 | www.cafeconcerto.at | U 6 Thalia-straße | 16. Bezirk*

CHELSEA [142 A3]

Seit 15 Jahren aus dem Wiener Nachtleben nicht wegzudenken: täglich wechselnde DJ-Reihen, mehrmals wöchentlich Live-Gigs in- und ausländischer Bands, schöner Garten, internationale Fußball-Highlights via Satellit auf Großbildleinwand. Und günstig ist das Chelsea auch noch: 0,3l Bier kosten 2,70, Mineralwasser 1,80 Euro. *Konzerte ca. 6–8 Euro, Einlass ab 21 Uhr | tgl. 18–4, So 16–3 Uhr | Lerchenfeldergürtel Stadtbahnbogen 29-31 | Tel. 407 93 09 | www.chelsea.co.at | U6 Thaliastrasse | 8 Bezirk*

FLEX [139 E4]

Underground live im U-Bahn-Bunker – von Drum'n'Bass über Noise und Jungle bis zu Hardcore bietet das Flex alles. Auf der Hauptbühne in der Halle gibt's an der Hälfte der Abende Live-Auftritte, sonst DJ-Lines. Im Flex-Café tagt donnerstags der Flex-Schallplattenclub mit Präsentationen aus dem hauseigenen Label. *Sodawasser gra-*

Im Sommer werden vor dem Flex die Biertische aufgeklappt

NACHTLEBEN

tis, Flex-Café: Do, Sa Eintritt 2 Euro, sonst frei | tgl. 18–3, im Winter ab 21 Uhr| Halle: Eintritt ab 4 Euro | Konzerte meist 19.30 Uhr, oft Specials spätabends | Abgang Augartenbrücke | Tel. 533 75 25 | Fax. 533 75 89 | www.flex.at | U 2, 4 Schottenring | 1. Bezirk

TUNNEL [142 B2]

Raum für mehr als 400 Gäste, Dienstag bis Samstag Live-Musik aller Genres – von Rock und Pop bis Mundart und Blues. Highlight für Jazz-Fans: jeden Sonntag und Montag abend bei freiem Eintritt ein Konzert oder eine Session. Große Speisenauswahl zu super Preisen. Brote ab 1,50, Salate ab 2, Suppen ab 2,50, Pasta ab 4, Pizza und Mittagsgerichte um 5 Euro. *Tgl. 9–2, Musikbeginn 21 Uhr | Florianigasse 39 | Tel. 94 757 20 | www.tunnel-vienna-live. at | U2 Rathaus | 8 Bezirk*

TANZCLUBS & DISCOS

NACHTWERK [153 D4]

Die Lage ist alles andere als zentral, aber noch lange kein Hinderungsgrund: An Wochenend-Abenden pilgern trotzdem Aberhunderte Teens und Twens zum Feiern und Tanzen an den südlichen Stadtrand. Eintritt zahlt man, je nach Programm, zwischen 3 und 10, Drinks kosten im Durchschnit 3–5 Euro. Jeweils ein Tag am Monatsanfang steht unter dem Motto „Der flotte Dreier". Eintritt, Getränke und Pizza gibt's dann zum Einheitstarif von je 3 Euro. Und ein Bonus für Nachtschwärmer: An vielen Abenden ist ab 3 Uhr früh der Eintritt frei. Angeschlossen sind ein Café, eine Pizzeria sowie ein VIP-Club mit eigener Clubkarte und reservierter Tanzfläche. *Ab drei Uhr früh meist Eintritt frei, sonst 3–10 Euro | Fr, Sa und vor jedem Feiertag 21–5 Uhr | Dr.-Gonda-Gasse 9 | Tel. 616 88 80 oder 06 76/621 59 79| www.nachtwerk.at | U1 Reumannplatz, ab da Bus 66A, 67A Oberlaaer Straße | 23. Bezirk*

OST-KLUB [143 F4]

Insider Tipp

In-Treff der Musikszene mit exzellenten DJs und häufigen Live-Gigs. Jeden Dienstag stehen Soul, Funk, Rhythm & Groove bei der von Sänger Big John Whitfield geleiteten Jam-Session auf dem Programm. An Veranstaltungstagen werden bis 2 Uhr früh hausgemachte Speisen von Tapas und Spätzle-Gulasch bis hin zu vegetarischen Gerichten und dem berühmten Ost-Toast serviert, und das zu Preisen von 4,50–6,50 Euro. *Eintritt: ab 5 Euro | Di, Do–Sa, manchmal auch an zusätzlichen Tagen 21–4 Uhr | Schwarzenbergplatz 10 | Tel. 505 62 28 | www.ost-klub.at | U1, 2, 4 Karlsplatz | 4. Bezirk*

RIDE CLUB [138 C2]

Früher kommen lohnt sich im Ride Club: Bis 21 Uhr kosten alle Cocktails und Longdrinks nur 1 Euro, freitags von 20–22 Uhr sind Cocktails sogar gratis! Der Ride Club ist Wiens Newcomer unter den In-Lokalen in den Stadtbahnbögen. Stück für Stück hat sich der Rotlicht-Gürtel in eine schicke Szene-Meile verwandelt. Der Ride Club bietet eine hippe Bar mit ansprechendem Musik-Mix, eine Kristall-Lounge zum Chillen und eine große Tanzfläche. Wer sich – kostenlos – vorab via Mobiltelefon registrieren lässt, genießt bei den Parties einige weitere Vergünstigungen. *Aktion „Shangri La": All you can drink um 25, Cocktails für 1 Euro bis 21 Uhr | Mo 19–4, Di–Sa 20–4, So 20–3 Uhr | Währinger Gürtel, Bogen 175/176, neben der U-Bahn-Station | Tel. 0676 33 45 00 | www.rideclub.at | U6 Nussdorferstraße | 9. Bezirk*

VOLKSGARTEN DISCO & PAVILLON [142 C2]

Zum Millenium völlig neu und sehr schick gestylter Entertainment-Klassiker in prominenter Lage – an der Ringstraße vis-à-vis der Hofburg. Die Clubdisco bietet wechselndes Programm, im Pavillon „Banane" Wochenprogramme wie beispielsweise Techno-Café (dienstags), Lost in bass (donnerstags), Club New Amsterdam (freitags), Soundgarten, Beatgewitter und vieles mehr. Programmreihe im Sommer: Tanzcafé im Garten mit musikalischem Mainstream-Programm von Rock'n'Roll und Boogie bis Salsa, Swing und Latin sowie Begleitaktivitäten wie Petanque, Schach, Tischfußball u.v.m. *Eintritt: für die Clubdisco teilweise 0–12 Euro, fürs Tanzcafé immer frei | Volksgarten Burgring | Clubdisco: wechselnde Öffnungszeiten | Tel. 532 42 41 | Pavillon: im Winterhalbjahr ebenfalls wechselnde Zeiten | Tel. 532 09 07 | Tanzcafé: April–Ende Aug. tgl. 11–2, warme Küche bis 23 Uhr | Station für alle: U3 Herrengasse | 1. Bezirk*

> **www.marcopolo.de/wien**

NACHTLEBEN

WIENER FREIHEIT [143 D5]
Die Wiener Freiheit ist ein Schwulen- und Lesbentreffpunkt – aber Heteros fühlen sich hier genauso wohl. Rund um die Bar im Erdgeschoss und in den oberen Etagen sitzt man wie in einem britischen Club, gemütliche Sitznischen sorgen für ungestörte Gespräche. In Rot und Orange und mit viel Leder empfängt die Disco im Kellergeschoss ihre Gäste. Die Getränkepreise sind fair – für einen kleinen Kaffee sind 1,50, für ein Glas Wein ab 2, für Cola Rum 2,50 Euro zu zahlen. Freitag und Samstag gibt es die „Superaktion": von 21–22 Uhr sind alle Getränke nochmals um 1 Euro reduziert! *Freier Eintritt | Disco ab 22 Uhr | Fr, Sa 21–4 Uhr | Schönbrunner Straße 25   Tel. 91 391 11 | www.wienerfreiheit.at | U 4 Pilgramgasse | 5. Bezirk*

CLEVER!
> Clubfeeling im Kino

Ein Abend im Schikaneder oder im Topkino ist viel mehr als nur ein Kinobesuch. Die beiden Programmkinos versorgen Cineasten nach dem All-inclusive-Prinzip nicht bloß mit hochwertigen Filmen, sondern zusätzlich auch noch mit feinen Drinks bzw. Speisen, mit Musik und Clubfeeling. Im Fall des Schikaneder heißt das: täglich um 19 und 21 Uhr zwei Filme, danach oft DJ-Lines, im Foyer Kunstausstellungen und regelmäßig Performances, sowie, jeweils am zweiten Sonntag im Monat, ab 22 Uhr Funky Soulful Sunday. **Schikaneder** **[143 D5]**, *Kinoticket 7 Euro | tgl. 18–4 Uhr | Margaretenstraße 24 | Tel. 585 28 67 | www.schikaneder.at | U 4 Kettenbrückengasse | 4. Bezirk.*
Im Topkino gibt's neben Kino auch noch leckere Kleinigkeiten (Toast, Tofu, Antipasti ab 3, Tagesmenüs für 6,90 Euro). In beiden Häusern zahlt man für das Kino-Ticket 7 Euro, die zugehörigen Rahmenveranstaltungen sind frei. **Topkino [132 B4]**, *Kino 7 Euro | Mo-Mi 15-2, Do-Sa 15-4, So 10.30-24 Uhr | Küche bis 23.30 Uhr | Rahlgasse 1 | Tel. 5852867 | Reservervierungen: Tel. 208 30 00 | www.topkino.at | U 2 Museumsquartier | 6. Bezirk*

> Einheitsdesign? Von wegen. Viele preiswerte Hotels und Pensionen in Wien haben Charme und Flair

Cooles Ambiente, kostenlose Internetterminals, WLAN in der Bar, eine Lounge für alle: Aus Wien stammt die Marke Wombat's, eine innovative, sympathische Mischung aus Jugendherberge und Hotel. Das Wombat's The Base war so erfolgreich, dass es nicht nur in Wien, sondern nun auch in Berlin und München Ableger gibt.

Etwa 50 000 Gästebetten stehen in Wien, viele davon natürlich in 3- und 4-Sterne-Häusern. Aber es gibt auch jede Menge günstige, wirklich empfehlenswerte Unterkünfte. Sie sind allesamt gepflegt und absolut akzeptabel. Manche, wie zum Beispiel das Do Step Inn oder das Hotel Urania haben sogar richtig hübsche, mit Geschmack und Phantasie eingerichtete Zimmer. Himmelbett? Kunst an der Wand? Kühles Design? Dieses Kapitel gibt viele Tipps, wo und wie Sie sich in Wien betten können.

Besonders charmant sind übrigens Pensionen in Altbauten: Oft liegen sie nur auf einer Etage und bieten das Flair einer privaten Wohnung mit hohen Decken und vielen Zimmern. Viele sind familiär, individuell und sympathisch, wie die Pension Neuer Markt unweit des Stephansdoms. Frühstück wird serviert, essen geht man einfach ums Eck.

SCHLAFEN

APARTMENTS

ADAGIO [133 F1]

Aufgepasst: Hier locken Komfort und Behaglichkeit in 124 komplett ausgestatteten Wohneinheiten, vom Studio für zwei Gäste bis zum Drei-Zimmer-Apartment für sechs Personen. Alle sind mit moderner Küche, Aircondition, Internetzugang und TV ausgestattet, dazu hilft freundlich-kompetentes Personal. Das ganze ist nicht billig, aber für die gebotene Qualität preisgünstig. Im Erdgeschoss stehen den Gästen ein Restaurant mit Buffetfrühstück und ein Fitness-Studio zur Verfügung. *DZ bei längerem Aufenthalt 74 Euro | Uraniastraße 2 | Tel. 90 83 03 | www.accorhotels.com | U 1, 4 Schwedenplatz | 1. Bezirk*

AMBIENTE

Bei Ambiente kann man aus fast 100 Apartments in innerstädtischer Lage das auf die eigenen Bedürfnisse maßgeschneiderte auswählen. Die Unterkünfte sind professionell verwaltet, hell, modern und komfortabel ausgestattet, alle zwischen 33 und 55 m^2 groß und damit für ein bis acht Personen geeignet. Alle haben ein Bad inklusive Wanne und, für Selbstversorgung wichtig, eine komplett eingerichtete Küche. Miniapartments für ein bis zwei Personen bei Mindestaufenthalt von zwei Nächten kosten ab 35 Euro, starke Ermäßigungen für längere Zeiträume. *2-Pers.-Ap. ab 35 Euro, Buchung: Tel. 06767788482 | www.apartments ambiente.com*

CAMPING
CAMPING NEUE DONAU [153 E3]
Ideal für Freizeitsportler und Sonnenanbeter, weil nahe der Donauinsel und den Lobau Donau-Auen gelegen. Infrastruktur: siehe Wien West und Süd *(S. 104, 105)* plus Beachvolleyball, Fahrradverleih, Grillplatz und Wohnwagenvermietung. *Je nach Saison p. P. ab 6,30, Stellplätze für Zelt mit Kfz ab 5,50, Zelt mit Fahrrad ab 4,50, für Wohnwagen, Reisemobile ab 8,50 Euro | geöffnet Mitte April–Mitte Sept. | Am Kleehäufel | Tel. 202 40 10 | www.campingwien.at | Bus 91A Lobau | 22. Bezirk*

Außen blau, innen bunt: Hotel-Hostel Do Step Inn in Westbahnhofnähe

SCHLAFEN

CAMPING WIEN SÜD [152 C4]
Gediegene Anlage inmitten eines Parks mit Wiesen und Wäldern, ca. 2 km von Schloss Schönbrunn entfernt, etwa ausgestattet wie der Zwillingsbetrieb in Wien West, in direkter Nachbarschaft zudem zwei bestens sortierte Supermärkte. *Je nach Saison p. P. ab 6,30, Stellplätze für Zelt mit Kfz ab 5,50, Zelt mit Fahrrad ab 4,50, für Wohnwagen, Reisemobile und Zeltklappanhänger ab 8,50 Euro| geöffnet 1. Juni bis 31. Aug. sowie rund um Neujahr | Breitenfurter Straße 269 | Tel. 867 36 49 | www. campingwien.at | U6 Philadelphiabrücke, Bus 62A Camping Wien Süd | 23. Bezirk*

CAMPING WIEN WEST [152 C3]
Am Rande des Wienerwalds gelegene, 25 Minuten vom Stadtzentrum entfernte Anlage. Sauberer Sanitärbereich mit Küchen, Aufenthaltsräumen, Waschmaschinen und Trocknern, Mini-Supermarkt mit Selbstbedienungs-Restaurant, Internet-Zugang, Serviceplätzen zum Entleeren von Chemie-Toiletten und Wassertanks. Zwischen April und Oktober werden auch wetterfeste Bungalows vermietet (ab 30 Euro). *Je nach Saison p. P. ab 6,30, Stellplätze für Zelt mit Auto ab 5,50, Zelt mit Fahrrad ab 4,50, für Wohnwagen, Reisemobil und Zeltklappanhänger ab 8,50 Euro | geöffnet ganzjährig außer Feb.| Hüttelbergstraße 80 | Tel. 914 23 14 | www.campingwien.at | U4 Hütteldorf, ab da Bus 148 oder 152 bis Camping Wien West 1 | 14. Bezirk*

HOTELS

A & O [142 A3]
Nicht nur für Backpacker ist dies eine sehr attraktive Übernachtungsadresse: Das A & O wurde 2009 eröffnet, ist echt günstig nahe Westbahnhof und Shoppingzone Mariahilfer Straße gelegen, dazu ordentlich ausgestattet und gepflegt. Die Preise sind kaum zu schlagen! *DZ ab 21, Mehrbettzimmer ab 11 Euro p. P. | Lerchenfelder Gürtel 9–11 | Tel. 493 04 80 39 00 | www.aohostels.com/ de/wien | U6 Burggasse | 16. Bezirk*

DO STEP INN [147 F1]
Sympathisches Hotel-Hostel-Doppel in der Nähe des Westbahnhofs. Nette, moderne Hotelzimmer mit farbig gestalteten Wänden, Dusche und WC, im Hostel allerdings ohne Bad. Viele

Extras: Gratis-Internet in der Lobby, Wäscheservice, Fahrradverleih, Sauna, ein ruhiger Innenhof, Selbstkochen kostenfrei möglich. *EZ im Hotel ab 45, DZ ab 54, im Hostel EZ ab 37, DZ ab 44 Euro | 62 Zi. | Felberstraße 20 | Tel. 982 33 14 | www.dostepinn.at | U3, 6 Westbahnhof | 15. Bezirk*

EKAZENT SCHÖNBRUNN [146 A3]

Wem das nahe gelegene auf Hochglanz renovierte Parkhotel Schönbrunn zu teuer ist, der findet in diesem, zwei Gehminuten von Park und Schloss am Rand des autofreien Einkaufszentrums Ekazent gelegenen Haus aus den 1960er-Jahren, eine ansprechende, deutlich budgetschonendere Quartier-Alternative. Klassischspießige Zimmermöblierung. *EZ ab 59, DZ ab 69 Euro | 48 Zi. | Hietzinger Hauptstraße 22 | Tel. 877 74 01 | www.hotel-hadrigan.at | U4 Hietzing | 13. Bezirk*

ETAP [140 C4]

Wiens neuestes, erst im November 2010 eröffnetes Budget-Hotel kann sich sehen lassen. Es bietet tadellos mit Dusche, separatem WC, Sat.-TV und Klimaanlage ausgestattete Zimmer. Die Lage ist top: lediglich fünf Bahn-Minuten vom Stadtzentrum. *DZ ab 45 Euro, gut sortiertes Frühstücksbuffet um 6 Euro p. P. | Lassallestraße 7 | Tel. 212 04 24 | www.accorhotels.com | U1 Vorgartenstraße | 2. Bezirk*

KUGEL [142 C4]

Seit der Rundumrenovierung ist dieses Hotel deutlich komfortabler und netter als vorher. Die Zimmer sind sehr unterschiedlich eingerichtet, alle

CLEVER!
> Nach Rabatten fragen

Viele, auch teurere Hotels, bieten im Internet oft günstige Übernachtungspreise an, vor allem in der Nebensaison. Auch am Telefon sollte man immer nach Sonderkonditionen fragen. Ein Großteil der Wiener Unterkünfte sind samt Beschreibung, Lageplan, Preis- und Kontakthinweis auf *www.wien.info* aufgelistet. Auf dieser Webseite kann man gleich online buchen. Beratung und Buchung ist über Wien-Tourismus auch telefonisch möglich: *tgl. aus Deutschland unter 0043/1/245 55 oder, alternativ, auch per Fax 24 55 56 66.*

> www.marcopolo.de/wien

SCHLAFEN

etwas verspielt, manche mit Himmelbett. Es liegt im 7. Bezirk, das Viertel wird oft mit dem Pariser Quartier Latin verglichen. Für Schnäppchenjäger: Einige wenige Zimmer warten noch auf ihre Umgestaltung. Sie sind klein und sauber, haben jedoch getrennte Betten und kein WC. *EZ ab 50, DZ mehrheitlich ab 85, alte Zimmer ab 50 Euro | 34 Zi. | Siebensterngasse 43 | Tel. 52 33 55 | www.hotelkugel.at | U3 Neubaugasse | 7. Bezirk*

URANIA   [144 B2]

Originelles Haus in Zentrumsnähe unweit des Donaukanals, dessen Zwei-Sterne-Rating eigentlich trügt. Denn das Hotel ist nicht nur mit Umsicht geführt, sondern jedes Zimmer ist auch individuell designt – von mittelalterlich bis maurisch, von japanisch bis bäuerlich oder gemütlich barock. *EZ ab 48, DZ ab 75 Euro | 32 Zi. | Obere Weissgerberstraße 7 | Tel. 713 17 11 | www.hotel-urania.at | Straßenbahn 1, O Radetzkyplatz | 3. Bezirk*

ZIPSER   [142 C2]

Charmantes Hotel, in dritter Generation von derselben Familie sehr engagiert geführt, ==in repräsentativem Gründerzeithaus== unweit der Ringstraße im Herzen der Josefstadt gelegen, hell und gemütlich. Tipp: Einige der 47 Zimmer besitzen einen Balkon und liegen sehr ruhig auf der Gartenseite. *EZ ab 69, DZ ab 79 Euro | 47 Zi. | Langegasse 49 | Tel. 40 45 40 | www.zipser.at | U2 Rathaus | 8. Bezirk*

insider Tipp

HOSTELS & JUGENDHERBERGEN

HOSTEL HÜTTELDORF   [152 C3]

Am Stadtrand im Grünen, doch dank U-Bahn-Anbindung ist die City bequem zu errreichen: In einen 2,7 ha großen Park gebettet, bietet das Haus alle Annehmlichkeiten einer modernen Jugendherberge, kostenlos sind u. a. Internetzugang, Bettwäsche, verschließbare Schränke, Gepäckaufbewahrung und die Nutzung von Waschmaschine und Trockner. Es gibt Parkplätze, außerdem eine Chill-out-Lounge mit Billard, Tischtennis und -fußball, dazu eine Spielecke und vieles mehr. *P. P. im Mehrbettzimmer 23, im DZ ab 27,50 Euro | 307 Betten | Schlossberggasse 8 | Tel. 877 02 63 | www.hostel.at | Bus 53B Seutergasse | 13. Bezirk*

JUGENDGÄSTEHAUS
BRIGITTENAU [136 A3]
Moderne Herberge mit riesiger Kapazität, gleich neben dem Freizeitparadies Donauinsel. Knapp 20 Minuten von der Innenstadt entfernt, gut ausgestattete Zwei- bis Sechsbettzimmer, größtenteils mit Dusche und WC, großer Garten, Aufenthaltsraum und gratis Gepäckraum, Mehrzwecksaal, abschließbarer Fahrradkäfig, mittags und abends 3-Gänge-Menüs aus hauseigener Küche zu fairen Preisen. *Ab 16,50 Euro p. P. inkl. Frühstück | 500 Betten | Friedrich-Engels-Platz 24 | Tel. 33 28 29 40 | www.oejhv.or.at | Straßenbahn 2, 31, 33, Bus 5A Friedrich-Engels-Platz | 20. Bezirk*

JUGENDHERBERGE WIEN-
MYRTHENGASSE [142 B3]
Freundlich, modern, tadellos in Schuss: Ein- bis Sechs-Bett-Zimmer, alle mit Dusche, teilweise auch mit eigenem WC gibt es in dieser Jugendherberge. Die Rezeption ist rund um die Uhr besetzt, ein gratis Gepäckraum, Internet-Terminal, begrünter Innenhof, Aufenthaltsraum mit Kabel-TV, dazu eine hauseigene Küche mit preiswerten 3-Gänge-Menüs. Nur Handtücher gibt es leider keine. *Ab 16,50 Euro p. P., Frühstück ist inklusive | 270 Betten | Myrthengasse 7 | Tel. 523 63 16 | Fax 523 58 49 | www.oejhv.or.at | Bus 48A Neubaugasse | 7. Bezirk*

MEININGER [149 F4]
Helle, mit viel Holz möblierte Ein-, Zwei- und Mehrbettzimmer sowie teils gemischte, teils Frauen vorbehaltene Schlafsäle, jeweils mit Dusche, WC, Telefon und TV, auf sechs per Lift erreichbare Etagen verteilt, ==einladender Wintergarten.== Kostenlose Schließfächer gibt es an der Rezeption. Gegen kleine Gebühr auch Benutzung der Internetterminals und der Parkplätze in der Tiefgarage. *Übernachtung p. P. im Schlafsaal 12, im Mehrbettzimmer 18, im DZ 25, EZ 49 Euro | 68 Zi. | Columbusgasse 16 | Tel. 720 73 36 43| www.meininger-hotels.com | U1 Keplerplatz | 10. Bezirk*

SCHLOSSHERBERGE AM
WILHELMINENBERG [152 C2]
Ob dieses umfassend renovierte Schloss, das sich selbst als „Palace Hostel" tituliert, das Attribut der „schönsten Jugendherberge Europas"

Bild: Die Schlossherberge am Wilhelminenberg nennt sich „The Palace Hostel"

SCHLAFEN

108 | 109

zu Recht trägt, sei dahingestellt. Prachtvoll ist seine Lage inmitten des riesigen Schlossparks am Rande des Wienerwalds mit Panoramablick auf Wien aber in jedem Fall. Da nimmt man die etwa 20-minütige Anfahrt per Bus aus der Stadt gerne auf sich. *P. P. im Vierbett- 23,20, im Dreibett- 26,80, im Doppel- 34 und im Einzelzimmer 51 Euro | Ganzjährig geöffnet | 40 Zi. | Savoyenstraße 2 | Tel. 481 03 00 | www.hostel.at | Bus 46B Predigtstuhl | 16. Bezirk*

Insider Tipp
THE LOUNGE & @ THE NASCHMARKT [142 A5] u. [143 D5]
Im Jahr 2006 hat Wiens Ur-Wombat wegen großen Erfolges eine Dependance eröffnet. The Lounge liegt zwei Gehminuten vom Westbahnhof entfernt, direkt an einer von Wiens bestsortierten Shoppingmeilen, der Mariahilfer Straße. Und im März 2011 eröffnete ein drittes, das nunmehr größte Haus. Sein Name erklärt die zentrale Lage am Naschmarkt. Beide folgen in Konzept und Preisgestaltung dem Vorbild von Wombat's The Base. *Preise s. Wombat's The Base | The Lounge: 208 Betten | Mariahilfer Straße 137 | U3, 6 Westbahnhof | 15. Bezirk | @ The Na-*

schmarkt: 450 Betten | Rechte Wienzeile 35 | U4 Kettenbrückengasse | 4. Bezirk | für beide: Tel. 897 23 36 | www.wombats-hostels.comt

WOMBAT'S THE BASE [147 E1]
Vor mehr als zehn Jahren starteten die Globetrotter Marcus und Sascha in Wien gleich neben dem Westbahnhof ihr erstes City Hostel. Der Wombat, das australische Beuteltier, wurde bald zur Marke im boomenden Jugendtourismus. Inzwischen gibt es diese sympathische Mischung aus Hotel und Jugendherberge auch in München und Berlin. Zur Auswahl stehen Einzel- und Doppelzimmer, vor allem aber Vier- bis Zehn-Bettzimmer, jeweils mit Dusche, WC und versperrbaren Kästen. Von allen Gästen gemeinsam – auch als Orte für entspannte Kommunikation – genutzt werden die gemütliche Lounge, die Gästeküche und die womBar mit Terrasse. Im Haus gibt es einen Waschsalon, Internet-Surfstationen, Inlineskate-Verleih, Billard, Tischfußball, außerdem gratis Welcomedrink und Bettwäsche. Morgens wird ein All-you-can-eat-Frühstücksbuffet ab 3,50 Euro serviert. *Übernachtung im Doppel- bzw. Mehrbettzimmer p.*

> www.marcopolo.de/wien

SCHLAFEN

P. ab 29 bzw. 15 Euro | 261 Betten | Grangasse 6 | Tel. 897 23 36 | www.wombats-hostels.com | U3, 6 Westbahnhof, Straßenbahn 58, 52 Staglgasse | 15. Bezirk

MITWOHNZENTRALEN & SONSTIGES
COUCHSURFING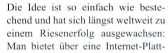

Die Idee ist so einfach wie bestechend und hat sich längst weltweit zu einem Riesenerfolg ausgewachsen: Man bietet über eine Internet-Plattform Quartiersuchenden seine eigene Wohnzimmer-Couch zum Gratis-Übernachten an. Im Gegenzug findet man auf Reisen bei Gleichgesinnten freien Unterschlupf. So selbstverständlich auch in Wien. Damit dieses Prinzip angewandter Gastfreundschaft niemand missbraucht, können Gäste wie Gastgeber online persönliche Referenzen hinterlassen. Gegen eine kleine Spende per Kreditkarte kann man auch Identitäten prüfen. Außerdem gibt es „Freundeslisten"

Cooles Design ganz günstig: Internet-Terminals im Wombat's

und ein gegenseitiges Bürgschaftssystem. Mitglied der Non-Profit-Community zu werden, kostet keinen Cent, die Anmeldung online genügt. www.couchsurfing.org

ODYSSEE [142 B4]

Dieses Reisebüro hat sich mit der Vermittlung privater Wohnmöglichkeiten, vom einfachen Zimmer bis zum luxuriösen Apartment, ein zweites Standbein geschaffen. Sämtliche Objekte werden persönlich besichtigt, sind in der firmeneigenen Kartei genau beschrieben und können auch für nur wenige Tage gebucht werden. Ausgesprochen nette Doppelzimmer gibt's bereits ab 55 Euro pro Nacht. *DZ ab 55 Euro | geöffnet Mo–Fr 10–14 und 15–18 Uhr | Westbahnstraße 19 | Tel. 40 26 061 | www.odyssee-mwz.at | Straßenbahn 5, U 3 Zieglergasse, 49 Kaiserstraße/Westbahnstraße | 7. Bezirk*

STUDENTENWOHNBÖRSE

Vor allem Jugendliche auf der Suche nach einer billigen Unterkunft haben gute Chancen, bei dieser professionell geführten Vermittlungsstelle

CLEVER!
Im Kloster übernachten

Die von Ordensgemeinschaften und kirchlichen Trägern betriebenen Gästehäuser sind meist freundlich und komfortabel. Zwei Tipps fürs preiswerte Wohnen in einer sakralen Umgebung: **Benediktushaus [136 C1]:** Zentraler kann ein Hotel kaum gelegen sein. Die Zimmer des Schottenstifts sind etwas mönchisch, aber geschmackvoll und mit Dusche und WC ausgestattet. *EZ 66–70, DZ 99 bzw. 107 Euro, jew. mit Frühstück | 21 Zi. | Freyung 6a | Tel. 53 49 89 00 |* www.schottenstift.at *| U 2 Schottentor, U 3 Herrengasse | 1. Bezirk*
Gästehaus des Deutschen Ordens [137 D2]: Perfekte Lage in der Nähe des Stephansdoms – hier finden Sie viele Highlights in Laufweite. *EZ 57–65, DZ 90–99 Euro, inkl. Frühstück jew. ab 2 Übernachtungen | 22 Zi. | Singerstraße 7/ 1. Stiege | Tel. 512 10 65 | mind. einen Monat vorab reservieren |* www.deutscher-orden.at *| U 1, 3 Stephansplatz | 1. Bezirk*

> **www.marcopolo.de/wien**

SCHLAFEN

fündig zu werden. Service telefonisch und online. *Mo–Do 9–17, Fr 9–12 Uhr | Tel. 545 24 25 | www.wohnenboerse.at*

PENSIONEN

ANI & ANI-FALSTAFF [142 B1] u. [139 D4]

Das Ani ist eine familiär geführte Frühstückspension in einem frisch renovierten Gründerzeithaus: Unmittelbar vor der Tür wartet die Infrastruktur der Alser Straße, gleich um die Ecke lockt im Sommer die Gastroszene des Campus im Alten AKH. Die Ringstraße ist fünf Straßenbahnminuten entfernt. Im so genannten Servitenviertel, näher zu City und Donaukanal hin, liegt die zugehörige, merklich schickere, freilich auch teurere Pension Ani-Falstaff. *Ani: EZ ab 50, DZ 68 Euro | 18 Zi. | Kinderspitalgasse 1 | Tel. 405 65 53 | Straßenbahn 43 Alser Straße | Ani-Falstaff: EZ ab 54, DZ ab 74 Euro | 17 Zi. | Müllnergasse 5–7 | Tel. 317 91 27 | Straßenbahn D Schlickplatz | www.freerooms.at | 9. Bezirk*

DR. GEISSLER [133 E1]

Gepflegter und kostengünstiger zugleich lässt es sich in der Innenstadt, drei Gehminuten vom Stephansdom entfernt, schwerlich übernachten. Das 60er-Jahre-Ambiente ist nicht eben auserlesen, dafür die Atmosphäre sehr familiär und nett. Es gibt ein reichhaltiges Frühstücksbuffet und tagsüber Roomservice mit Getränken und Imbissen. Erfahrene Rezeptionisten sorgen im 8. Stock rund um die Uhr für das Wohl der Gäste. *EZ mit Dusche und WC ab 48, ohne ab 33 Euro, DZ mit Dusche und WC auf dem Zimmer ab 60, ohne ab 43 Euro | 23 Zi. | Postgasse 14 | Tel. 533 28 03 | www.hotelpension.at | U 1, 4 und Flughafenbus Schwedenplatz | 1. Bezirk*

HARGITA [142 B5] Insider Tipp

Unprätentiös, aber einwandfrei ausgestattet und sehr freundlich geführte Zwei-Sterne-Pension. Die Zimmer haben teilweise nur Etagendusche und WC übern Flur. *EZ 57, DZ 6–68 Euro | 19 Zi. | Andreasgasse 1 | Tel. 526 19 28 | www.hargita.at | U 3 Zieglergasse | 7. Bezirk*

NEUER MARKT [133 D3]

Eine gepflegte Vier-Sterne-Pension mit erfreulich moderaten Preisen, untergebracht im zweiten Geschoss eines prachtvollen Stadthauses, nur eine Gehminute vom Stephansdom entfernt. Der Blick schweift von den typisch wienerisch möblierten Zimmern über den Stephansplatz mit dem prächtigen, hochbarocken Donnerbrunnen bis zum Eingang der berühmten Kapuzinergruft. Einige mit Bad oder Dusche, aber ohne WC versehene Doppelzimmer sind schon ab 60, die gut ausgestatteten ab 95 Euro zu haben. *EZ ab 45, DZ ab 60 Euro | 37 Zi. | Seilergasse 9 | Tel. 512 23 16 | www.hotelpension.at | U3 Stephansplatz | 1. Bezirk*

> *Privatzimmer im Netz*

Es gibt mittlerweile eine ganze Menge Online-Plattformen, über die man rasch und unkompliziert per Klick ein Appartement oder eine günstige Mitwohn-Gelegenheiten finden kann. Hier einige der angesagtesten Adressen: *www.mitwohnzentrale.org/Oesterreich, www.wg-gesucht.de, www.urlauburlaub.at, www.urlaub-anbieter.com* Die offizielle Homepage der Landesvereinigung Wiener Privatvermieter lautet: *www.wienprivat.com, Tel. 945 59 74*

PAPAGENO [143 E5]

Die von einem jungen Architektenteam klassisch in der Form und in warmen, kraftvollen Farben gestalteten Räumlichkeiten sind auf mehrere Etagen verteilt. Dazwischen betreiben diverse Firmen Büros – eine typisch wienerische Raumlösung. Von den oberen, straßenseitigen Stockwerken schöner Fernblick über die Stadt bis zum Wienerwald, ruhiger freilich schläft man hofseitig. Sehr angenehmer, persönlicher Service. *EZ ab 78, DZ ab 89 Euro | 50 Zi. | Wiedner Hauptstraße 23–25 | Tel. 504 67 44 | www.hotelpapageno.at | U1, 2, 4 Karlsplatz | 4. Bezirk*

SAISONHOTELS

Diese Hotels sind eine österreichische Spezialität: Sie haben nicht rund ums Jahr auf.

ACADEMIA [142 B2]

Nicht gerade ein Ausbund an Eleganz, aber funktionell und sehr praktikabel, in Gehdistanz zu Parlament und Theater gelegen. Alle Zimmer haben im Academia Telefon, Internet, Bad oder Dusche und WC, einige sogar einen Balkon. Im 11. Stock gibt es ein Café und eine Aus-

> *www.marcopolo.de/wien*

SCHLAFEN

sichtsterrasse. *EZ 66, DZ 88 Euro | 260 Zi. | Pfeilgasse 3a | Tel. 401 76 | www.academia-hotels.co.at | Bus 13A Piaristengasse | 8. Bezirk*

ALL YOU NEED [143 D5]
Preiswert muss nicht billig bedeuten: Den besten Beweis dafür liefern diese beiden neuen Drei-Sterne-Häuser. Sie sind schick gestylt, bieten gehobenen Komfort und ein sehr reichhaltiges Frühstück, kurz: ein selten günstiges Preis-Leistungs-Verhältnis. Und hinzu kommt in beiden Fällen eine zentrale Lage – ganz in der Nähe des Naschmarkts bzw. des Donaukanals. *Beide: EZ ab 54, DZ ab 74 Euro | All You Need Vienna4, beim Naschmarkt: 99 Zi | Schäffergasse 2 | U4 Kettenbrückengasse, Straßenbahn 1, 62 Mayerhofgasse | 4. Bezirk | All You Need Vienna2* [139 E5]*, am Donaukanal: 122 Zi. | Große Schiffgasse 12 | U2 Taborstraße | 2. Bezirk | Tel. 512 74 93 | www.allyouneedhotels.at*

GÄSTEHAUS PFEILGASSE [142 B2]
Preisknüller für spartanisch Gesinnte: 90 Zimmer mit Etagenduschen, das Doppelzimmer für 54 Euro. Im Gebäude befindet sich auch das komfortablere Saisonhotel Avis, dessen 72 Zimmer alle Bad/Dusche und WC haben. *Gästehaus: EZ 33, DZ 54 Euro | Avis: EZ 60, DZ 82 Euro | Pfeilgasse 4-6 | Tel. 408 96 60 | www.academia-hotels.co.at | Bus 13A Piaristengasse, Straßenbahn 46 Strozzigasse | 8. Bezirk*

PORZELLANEUM [139 D4]
Sympathisches Studentenheim, das sich von Anfang Juli bis Ende Sept. in ein Touristenquartier verwandelt. Fernseh- und Aufenthaltsraum, begrünter Innenhof, Waschmaschine, Internet gegen Gebühr. *EZ 30, Doppel- bzw. Mehrbettzi. 56 bzw. 100 Euro | 51 Zi. | Porzellangasse 30 | Tel. 317 72 82 | www. porzellaneum. sth.ac.at | Straßenbahn D Bauernfeldplatz | 9. Bezirk*

ROSEN-HOTEL [149 E3]
Gepflegtes, verkehrsgünstig an der U1 platziertes Sommerhotel in Gehdistanz zum Belvedere. Unspektakulär, aber gepflegt, freundlich und, gemessen an der Lage, auch sehr preisgünstig. *EZ 57, DZ 72 Euro | 115 Zi. | Schelleingasse 36 | Tel. 50 15 20 | www.rosenhotel.at | U1 Südtirolerplatz | 4. Bezirk*

114 | 115

TRIEST [143 E5]

Wer Glück hat, kann ein Zimmer in diesem schicken, luxuriösen Hotel zum Schnäppchenpreis ergattern – bei Aktionen wie dem Joker-Gewinnspiel, wo man bei Buchung per Mail oder Telefon bis zu 40 Prozent Rabatt auf den regulären Preis von 298 Euro pro DZ bekommt. Früher befand sich hier eine Postkutschenstation, doch daran erinnert nichts mehr nach der Umwandlung in ein Designhotel von Stardesigner Sir Terence Conran. Lichtdurchflutetes Ambiente mit hellen Paravents und edlen Klassikern von Arne Jacobsen bis Philippe Starck dominieren die Optik. Einige Zimmer bieten von der Terrasse aus einen Ausblick über die Stadt, doch am schönsten ist die Aussicht aus der Stephansdom-Suite. *72 Zi. | Wiedner Hauptstrasse 12 | Tel. 58 91 80 | www.dastriest.at | U 4 Karlsplatz | 4. Bezirk*

HOTEL BRISTOL [133 D4]

Fin-de-Siècle-Hotel mit viel Marmor und Gold, Samt und Seide – und eine Gästeliste voller Namen der Hoch- und Kulturaristokratie. Dazu eine entsprechend herrschaftliche Lage gegenüber der Staatsoper, Leonard Bernstein und Herbert von Karajan zählten einst zu den Stammgästen. Während des Opernballs trifft man auch Prominente der heutigen Zeit. Das Hotelrestaurant Korso gehört mit seiner kosmopolitisch-kreativen Küche zu den feinsten des Landes. Bei Buchungen im Voraus kann es bis zu 30 Prozent Ermäßigung auf den regulären Preis von knapp 300 Euro fürs DZ geben, abhängig von der Aufenthaltsdauer. *140 Zi. | Kärntner Ring 1 | Tel. 515160 | www.bristolwien.at | U 1, 2, 4 Karlsplatz | 1. Bezirk*

THE LEVANTE PARLIAMENT [132 A2]

Hightech-Ausstattung und moderne geradlinige Architektur mit edlen Materialien gewährleisten Komfort und Ästhetik auf Fünf-Sterne-Niveau. Auch Kunst gehört zum Konzept, wie die Objekte des rumänischen Glaskünstlers Ioan Nemtoi, der auch Bar und Restaurant gestaltet hat. Das viele Glas und die raffinierte, indirekte Beleuchtung sorgen für lichte Atmosphäre, ein Fitnesscenter gibt es

SCHLAFEN
LUXUS LOW BUDGET

und zum Entspannen nach einem trubeligen Wien-Tag einen Garten im Innenhof. Die meisten Zimmer gehen zum Innenhof hinaus. Oftmals Angebote wie Winter-Shopping: Bei 3 Tagen Aufenthalt gibt es 25 Prozent Rabatt auf den regulären Preis (etwa 310 Euro). *70 Zi | Auerspergstraße 9 | Tel. 22 82 80 | www.thelevante.com | U 2, Straßenbahn 2 Rathaus | 8. Bezirk*

CORDIAL THEATERHOTEL WIEN [142 C2]
Ein Vier-Sterne-Haus mit viel Charme, komfortabler Gemütlichkeit und traditionellem Flair direkt neben dem Theater in der Josefstadt, dem ältesten und ständig bespielten Haus der Stadt. Jede Etage ist einem mit dem Theater verbundenen Genre gewidmet, wie etwa Dichtern, Komponisten oder Bühnenstars. Die zentrale Lage eignet sich ideal als Startpunkt für Streifzüge durch die Stadt. Der Stephansdom und Schloss Schönbrunn sind schnell zu erreichen, ebenso wie die klassizistischen Prachtbauten der Ringstraße. Wechselnde Special Offers gibt es das ganze Jahr über. Beim Familienwochenende können Sie die 4-Personen-Suite teils für 342 Euro statt 410 Euro bekommen. *54 Zi. | Josefstädter Straße 22 | Tel. 405 36 48 | www.cordial.at | Straßenbahn J, Bus 13A Lederergasse | 8. Bezirk*

VIENNART [132 A4]
Kunstliebhaber freuen sich hier nicht nur über die Nähe zum Kunsthistorischen Museum und zum Museumsquartier – und bis 70 Prozent reduzierte Preise in der Nebensaison. Auch das Vier-Sterne-Haus selbst zeigt sich musisch: In der Lobby und im Frühstücksraum werden regelmäßig Werke von Nachwuchskünstlern präsentiert, das glasgedeckte Atrium schmückt die Dauerinstallation „Wand der Initiation". Das moderne Interieur ist jung und schick. Die Ausstattung ist ebenso tadellos wie das Buffetfrühstück und die Betreuung. Besonderes Angebot: Wer vier Nächte bleibt, zahlt nur drei, bei dreien kostet die dritte 25 Prozent weniger. Das EZ gibt's ab 65, das DZ ab 70 Euro (regulär 180 Euro). *56 Zi. | Breite Gasse 9 | Tel. 523 13 450 | www.austrotel.at | U 2, 3 Volkstheater | 7. Bezirk*

> **Kinder erleben Wien als Forscher, Künstler, Kreative.
Wie gut, dass die besten Abenteuer oft nichts kosten**

Kleine Gäste haben in Wien jede Menge zu tun – sie stauen einen kleinen Fluss auf der Robinson-Insel, bis fürs Wasser kaum noch ein Durchkommen ist, erkunden, was hinter der Spiegelwand steckt und spielen Feuerwehrleute. Gibt's vielleicht irgendwo ein klitzekleines Feuer zu löschen? Danach gehen sie ins Museum – um zu malen wie die großen Künstler.

In diesem Kapitel stellen wir lauter Aktivitäten vor, die Kindern Spaß machen und die das Reisebudget nicht allzu sehr belasten. In Wien kann man als Familie viel erleben, es gibt sogar jede Menge toller, abwechslungsreicher Attraktionen, die gar nichts kosten: Den Spielplatz im Pötzleiner Park zum Beispiel, dessen Wasserfall im Sommer viel Spaß und nasse Klamotten garantiert. Das Feuerwehrmuseum mit seinem Oldtimer-Löschfahrzeug. Oder der Botanische Garten, in dem allerlei Exotisches wächst.

Neu ist in Österreich übrigens, dass Kinder und Jugendliche bis zum 19. Lebensjahr freien Eintritt in alle Bundesmuseen haben. Das ist stark! Mit unseren Tipps lernen Sie Wien von einer ganz neuen Seite kennen – als kinderfreundliche Stadt, in der's viel zu erforschen gibt.

MIT KINDERN

MUSEEN

ALBERTINA [132 C3]

Malen wie die ganz Großen: Für Kinder ab fünf organisiert das Museumsteam jeden ersten Sonntag im Monat eine spannende Rätselrallye. Dabei bekommen die Kleinen spielerisch Leben und Werk großer Künstler nähergebracht. Im Anschluss können sie sich an diversen Mal- und Bastelstationen in den Ateliers selbst kreativ betätigen. An allen Tagen warten für Kinder an der Kasse Gratis-Unterlagen für eine Rätselrallye in Eigenregie. Das Palais, in dessen Kellern die weltweit größte Sammlung grafischer Werke lagert, wurde vor wenigen Jahren auf Hochglanz renoviert und lockt seither mit Kunstausstellungen von internationa-

lem Top-Format Besuchermassen an. *Erw. 9,50 Euro, Kinder und Jugendliche frei. Jeden 1. So im Monat Kinderführung und Atelieraktion jew. 15.30–18 Uhr, Aufpreis zum Eintritt 4 Euro | Für manche Ausstellungen zusätzl. Kinder-Audioguide um 2,50 Euro | tgl. 10–19, Mi bis 21 Uhr | Albertinaplatz 1 | Tel. 53 48 35 40 | www.albertina.at | U4 Karlsplatz | 1. Bezirk*

FEUERWEHRMUSEUM [132 C1]

Natürlich besonders toll für Kinder, die gerade im Feuerwehr-Fieber sind, aber auch für alle anderen spannend: In der Wiener Zentralfeuerwacht kann man erfahren, wie das Löschhandwerk funktioniert. Klar, dass auch jede Menge alte Helme und

Nachwuchskünstlerinnen gestalten ihre Installationen beim MINI MAK

Uniformen sowie Gerätschaften ausgestellt sind. Top-Attraktion: ein auf Hochglanz renovierter Feuerwehr-Oldtimer aus dem Jahr 1912. *Eintritt frei | ganzjährig jeden So und Feiertag 9–12 Uhr und gegen Voranmeldung | Am Hof 7 | Tel. 53 19 90 | U3 Herrengasse | 1. Bezirk*

Insider Tipp MINI MAK   [133 F2]

Samstags kostet das Museum für Angewandte Kunst (MAK) keinen Eintritt! Außerdem bietet das MAK am Wochenende besondere Events: Jeden dritten Sonntag im Monat startet das Kinderprogramm des Museums für Angewandte Kunst. Los geht's beim MINI MAK um 11 Uhr mit spannenden Rätselrallyes und Workshops, bei denen kleine Museumsbesucher spielerisch die Exponate kennenlernen. Begleitpersonen ab 19 J. bezahlen jeweils 5,50 Euro, Kinder unter sechs Jahren dürfen kostenlos hinein. An einem Samstag im Monat bietet MAK4FAMILY um 15 Uhr

> *www.marcopolo.de/wien*

MIT KINDERN

eine auf Familien maßgeschneiderte Führung – Beitrag pro Person (ab 7 J.) 2 Euro. Im Advent wartet das MINI MAK mit einer eigenen kindgerechten Ausstellung, mit Leseecke, Kinder- und Jugendbuchtauschbörse auf. *Sa Eintritt frei, sonst: Familienkarte 11 Euro | Mi–So 10–18, Di bis 24 Uhr | Stubenring 5 | Tel. 71 13 62 48 | www.mak.at | U3 Stubentor, U4 Landstraße, Straßenbahn 2 Stubentor | 1. Bezirk*

NATURHISTORISCHES MUSEUM 🐷   [132 B3]

Der Museumspalast an der Ringstraße ist mit seinen riesigen Saurierskeletten ein Publikumsmagnet erster Güte, gerade für junge Leute, die keinen Eintritt zahlen müssen (bis 19 Jahre). Speziell für sie gibt es Führungen: für 3- bis 6-Jährige jeden letzten Sonntag im Monat ab 16 Uhr, für alle ab 6 Jahren samstags ab 14, an Sonntagen und schulfreien Tagen ab 10 und 14 Uhr, Führungsticket: 2,50 Euro. Ein Hit für Jung und Alt ist das Mikrotheater, in dem mit Hilfe von Mikroskopen und Videokameras lebende Kleinorganismen in Großprojektion live auf der Kinoleinwand zu sehen sind. *Erw. 10 Euro, Kinder und Jugendl. freier Eintritt | Do–Mo 9–18.30, Mi bis 21 Uhr | 90-minütige Vorstellung im Mikrotheater 2 Euro | Sa, So, Ftg. jew. 11, 13.30, 14.30 und 16.30 Uhr | Burgring 7 | Tel. 521 77 | www.nhm-wien.ac.at | U3 Volkstheater, Straßenbahn D, 1, 2 Dr.-Karl-Renner-Ring | 1. Bezirk*

TECHNISCHES MUSEUM 🐷   [147 D2]

Kinder und Jugendliche kommen grundsätzlich gratis rein: Dieses traditionsreiche Haus ist mit seinen Dampflokomotiven, Robotern und Musikinstrumenten, den historischen Flugzeugen, Rennautos, Maschinen und dem Schaubergwerk allein schon

CLEVER!
> *Generell freier Eintritt*

Kinder und Jugendliche bis zum vollendeten 19. Lebensjahr haben generell freien Eintritt in sämtlichen Bundesmuseen Österreichs. Das schont das Reisebudget von Familien mit größeren Kindern natürlich sehr. In Wien betrifft dies unter anderem folgende Museen: Albertina, Belvedere, das Kunst- und das Naturhistorische Museum, das MUMOK, das MAK und die Nationalbibliothek.

aufregend genug. Besondere Spannung und Spaß für Kinder verspricht jedoch die Dauerausstellung „Abenteuer Forschung" mit ihren vielen interaktiven Experimentierstationen, wo man alles anfassen darf. Für Zwei- bis Sechsjährige speziell entwickelt wurde zudem das „Mini", ein kunterbunter Erlebnisbereich für den spielerischen Erstkontakt mit dem spannenden Thema Technik für unsere Kleinsten. *Kinder und Jugendliche bis 19 Jahre Eintritt frei, Erwachsene 8,50 Euro | Mo–Fr 9–18, Sa, So, Ftg. 10–18 Uhr | Mariahilfer Straße 212 | Tel. 899 98 | www.tmw.at| Straßenbahn 52, 58 Penzingerstraße | 14. Bezirk*

NATUR & TIERE
ABENTEUER-WANDERUNGEN

Seit vielen Jahren organisieren Hilde und Josey Felkel privat für Familien mit knappem Budget bei (fast) jedem Wetter kindgerechte Abenteuer-Wanderungen in die Peripherie und Umgebung der Stadt. Die Teilnahme ist kostenlos. Höchstens für spannende Ski-, Höhlen- und Klettertouren oder auch für die mehrtägigen Unternehmungen wird ein kleiner Spesenbeitrag erbeten. Private Spenden sind außerdem jederzeit herzlich willkommen. *Nähere Informationen bekommt man unter Tel. 07 20 73 60 53 bzw. 06 99 84 72 44-0 oder -1 und unter www.abenteuer-natur.net*

CLEVER!

> Anfassen erlaubt: Besuch im Streichelzoo

Es muss nicht immer der große Zoo sein. Auch hier kann man heimischen Tieren begegnen, sie teilweise sogar streicheln, und man muss bei diesen Adressen keinen Eintritt bezahlen:
Pötzleinsdorfer Schlosspark [152 C2]: *Tgl. 8 Uhr bis Dunkelheit | Pötzleinsdorfer Straße, Ecke Geymüllergasse | Straßenbahn 41 Pötzleinsdorf | 18.Bezirk*

Kurpark Oberlaa [153 D4]: *ganzjährig, gestaffelt 6-18, 20, 21 oder 22 Uhr | Kurbadstraße | U1 Reumannplatz, ab da Bus 67A Kurpark Oberlaa | 10. Bezirk*
Blumengärten Hirschstetten [153 E2]: *Geöffnet Mitte Mai-Mitte Okt. Do-So 10-18 Uhr | Quadenstraße 15 | Tel. 400 04 21 10 | U1 Leopoldau, ab da Bus | 22. Bezirk*

> www.marcopolo.de/wien

MIT KINDERN

BOTANISCHER GARTEN 🐷 [150 A1–2]

Toll, dass man sich hinter jedem Baumstamm verstecken kann, und exotisch sieht das auch aus: Mama, Papa, was ist Bambus? Der Botanische Garten mit seinen rund 1500 Pflanzen und über 600 Arten und Sorten macht auch Kindern Spaß, und der Eintritt ist umsonst. Neben heimischen Gewächsen gibt es dort nämlich auch Fremdartiges zu bewundern: Nadelgehölze, die bei uns nicht wachsen etwa oder die Lotusblume im 300 m² großen Teich. *Eintritt frei | tgl. 9.30–19.30, im Winter (außer Weihnachten/Neujahr) bis 16 Uhr | Eingänge: Mechel-/Praetorius- oder Jacquingasse | Straßenbahn D, O und 71 | 3. Bezirk*

SPIELEN & FORSCHEN

BOGI PARK [153 D4]

Wer am frühen Abend kommt, spart 40 Prozent des Eintrittspreises: Österreichs größter Indoor-Spielplatz ist ein 5000 m² großes, kunterbuntes Wunderland. Kinder von eins bis zwölf können in den Bällesee tauchen, auf Kletterwand und -vulkan kraxeln, Brabbel-Park, Krabbelwiese und Hüpfburg ausprobieren, Labyrinth und Zauberhöhle erkunden, lau-

fen, springen, rutschen und bei alldem nach Herzenslust laut sein. Das entspannt auch die gestressten Eltern. *Preise nach Alter gestaffelt: Tagesticket 1–3 J. 3,50, 3–16 J. 8,90, Begleitpersonen: 4 Euro, um etwa 40 Prozent ermäßigte Abendtickets ab 17 Uhr | tgl. 10–19 Uhr | Gutheil-Schoder-Gasse 17 | Tel. 23000 00 | www.bogipark.at | U6 Am Schöpfwerk | 23. Bezirk*

FAMILY FUN [153 E2]

Hüpfen, klettern, Trampolin springen ab 17 Uhr zum supergünstigen Abendtarif: Hier, im Nordosten Wiens, warten auf Ein- bis Zwölfjährige drinnen und draußen Hüpfburgen, Riesenrutschen, Trampoline, Bumber-Boote, ein Kletterlabyrinth, Softberg, Kino und Kleinkinderbereich. Für die Eltern gibt es einen Relaxraum und Gastronomie. *Kids von 3–16 J. 7,50, von 1–2 J. 3, Eltern 3,50 Euro, um 10–20 Prozent verbilligte Familientickets. Abendtickets ab 17 Uhr ca. 40 Prozent günstiger | Mo–Fr 13–19, Sa, So 9–19 Uhr | Breitenleerstraße 77 | Tel. 23670 70 | www.familyfun.at | U1 Kagraner Platz, ab da Bus 24A ÖBB Gartenanlage | 22. Bezirk*

KUFFNER STERNWARTE [152 C3]

Sag mir, wie viel Sternlein stehen … Die Kuffner Sternwarte hat regelmäßig familiengerechte Führungen zu interessanten astronomischen Themen wie „Mensch und Kosmos", „Das Planetensystem", „Saturn", „Mond, Gezeiten und Co" im Programm. Bei wolkenlosem Himmel kann man durch das Teleskop auch mal gucken, was es eigentlich mit dem Mann im Mond auf sich hat. *Erw. 6, Kinder 4 Euro | Führungen mehrmals wöchentlich um 20, Sa auch 17 Uhr | Johann-Staud-Straße 10 | Tel. 729 54 94 | www.kuffner. ac.at | Bus 51A, 46B oder 146B Ottakringer Bad | 16. Bezirk*

PÖTZLEINDORFER SCHLOSSPARK [152 C2]

Der kleine Wasserfall mit Plantschund Matschbecken ist natürlich absolut perfekt zum Sandburgen-Bauen. Der Spielplatz „Pötzipark" bietet aber auch eine Kletterwand, ein Seilegerüst, Platz für Ballspiele und ein Gehege mit Schafen, Ziegen, Hühnern. WC und Kiosk vorhanden. *Eintritt frei | tgl. 8–21, Feb.–April, Sept. und Okt. bis 19, Nov.–Jan. bis 17 Uhr | Pötzleinsdorfer Straße/Ecke Gey-*

müllergasse | Straßenbahn 41 Pötzleinsdorf| 18. Bezirk

ROBINSON-INSEL [135 D1]

Schätze suchen, sich verstecken, am Lagerfeuer sitzen und Würstchen grillen: Die Robinson-Insel punktet nicht mit Spielgeräten, sondern mit Bäumen, Büschen, verborgenen Wegen und Lichtungen, ja sogar mit einem Minifluss. Das 7000 m² große, weitgehend naturbelassene Gelände ist für Großstadtkinder ein richtiges Highlight. Toiletten und Trinkwasser sind vor Ort vorhanden. Bei schlechtem Wetter gibt es im umfunktionierten Eisenbahnwaggon ein Spieleprogramm. *Eintritt frei, Spenden willkommen | April–Ende Okt., in den Ferien Mo–Fr 15–18 Uhr, in der Schulzeit nur Mi, Sa, So 15–18 Uhr | Greinergasse 7 | Tel. 401 25 37 | Straßenbahn D, 38 Grinzinger Straße | 19. Bezirk*

SPIELEBOX [142 B2]

Österreichs größte Spielothek birgt über 5000 Brett-, Geschicklichkeitsund Gesellschaftsspiele und bittet an ausgewählten Terminen große und kleine Leute zum gemeinsamen, kostenfreien Spielen in ihre Räumlich-

> www.marcopolo.de/wien

MIT KINDERN

keiten. Zweimal jährlich, in den Weihnachts- und den Semesterferien, lädt die Spielebox zudem in den Festsaal des Wiener Rathauses ein, der dann zur Mega-Spielzone wird. Da gibt es dann eine große Auswahl an Brettspielen, elektronischen Spielen, Werkstätten für Spiele-Erfinder und den Spiele-Flohmarkt, bei dem Kinder zwischen 7 und 12 Jahren gebrauchte Spiele (ver)kaufen können. Gegen Gebühr kann man rund ums Jahr natürlich auch Spiele ausleihen. *Bei Veranstaltungen Eintritt frei | Mo, Mi, Fr 13–18.30, Di, Do 10–12, im Winterhalbjahr auch Sa 10–14 Uhr | Albertgasse 35/II | Tel. 400 08 34 24 | www.spielebox.at | U 6 Alser Straße | Straßenbahn 43, 44 Kinderspitalgasse | 8. Bezirk*

WASSERSPIELPLATZ DONAUINSEL 🐷   [141 E3]

Nach Herzenslust plantschen, in Pfützen springen und mit Wasser experimentieren. Aus Matsch neue Uferbereiche formen, Bäche stauen und umleiten oder zum Kapitän eines eigenen Schiffes werden: Auf diesem 5000 m² großen Spielplatz, zu Füßen eines Windrades, können Kinder jeden Alters kostenlos und komplett gefahrlos spielen – bis sie von Kopf bis Fuß nass sind. Unbedingt Ersatzklamotten mitnehmen! *Eintritt frei | Anfang Mai–Ende Sept. | Donauinsel, 400 m stromabwärts von der Reichsbrücke | Tel. 40 00 80 42 | U 1 Donauinsel | 22. Bezirk*

WIENER EISTRAUM 🐷   [132 A1]

Alle Winter wieder verwandelt sich der Platz vor dem Rathaus in eine zauberhafte Eislandschaft. Auf der synthetischen Eisfläche können Kinder und Anfänger kostenlos erste Gehversuche auf Schlittschuhen unternehmen. Der Vorteil: Hier wird

CLEVER!

> Tipps aus dem Netz

Bei wienXtra-kinderinfo erfährt man alles über Kindertheater, Feste, Partyschiffe, Ausflüge in die Natur u.v.m.. *Di–Do 14–19, Fr–So 10–17 Uhr | am Museumsplatz 1, Museumsquartier/ Hof 2 | Tel. 40 008 44 00 | www.kinderinfowien.at | U 2 Museumsquartier | 7. Bezirk.* Familienspezifische Tipps aller Art gibt's auch in den beiden Online-Magazinen *www.quax.at* und bei *www.mamilade.at*

beim Hinfallen niemand nass. Zudem stehen den Novizen zehn „Pinguin"-Assistenten bei, die vorzeigen, wie's geht, und notfalls eine helfende Hand reichen. Schlittschuhverleih vorhanden, Gratis-Helme solange der Vorrat reicht. *Eintritt frei | ca. Mitte Jan. bis Anf. März Mo–Fr 9–16 Uhr, am Wochenende ganztags | Rathausplatz | Info-Tel. (tgl. 9–22 Uhr) 409 00 40 | www.wienereistraum.com | U2 Rathaus, Straßenbahn 1 | 1. Bezirk*

ZOOM KINDERMUSEUM 🐷 [132 A4–B4]

Hier darf nach Lust und Laune gefragt, berührt, gefühlt, geforscht und gespielt werden. Die Kleinen erkunden in Ausstellungen und Workshops – allein oder in kleinen Teams – mit allen Sinnen die Welt. Sie „zoomen" sich an Objekte und Situationen heran, sammeln spielerisch Eindrücke und Erfahrungen. Und: sie dürfen alle Objekte anfassen und ausprobieren. Im ZOOM Atelier wird mit Buntstift, Malpinsel, Knetmasse u.v.m. experimentiert (3–12 J.); im ZOOM Lab der Umgang mit Trickfilm, Sounds und Multimedia geprobt (6–14 J.). Der ZOOM Ozean ist ein auf Kinder zwischen acht Monaten und 6 Jahren abgestimmter Er-lebnisbereich. *ZOOM Ausstellung: Eintritt frei, Atelier und Lab jew. Erw./Kinder 3,50/5 Euro, im Atelier ein Erwachsener pro Kind, im Lab einer pro Familie oder Gruppe frei; ZOOM Ozean: 3 Euro pro Kind, je Kind ein Erw. frei, Gruppen ab 10 Kindern 2,50 Euro pro Kind, je Kind ein Erw. frei, jeder weitere Erw. 2,50 Euro | Beginn: Di–Fr 9, 10.30, 13, 14.30, 16, Sa, So und in den Ferien (außer Mo) 10, 11.30, 13, 14.30, 16 Uhr | MuseumsQuartier, Museumsplatz 1 | Tel. 524 79 08 | Reservierung empfohlen | www.kindermuseum.at | U2, 3, Straßenbahn 49 Volkstheater | 7. Bezirk*

THEATER, KINO & MUSIK ▮▮

CINEMAGIC [132 C5]

In diesem Programmkino für Filmfans ab 3 Jahren wird alles, vom Zeichentrickspaß bis hin zu preisgekrönten Kinder- und Jugendproduktionen, gezeigt. Eigens für Kleinkinder hat das Cinemagic das Bilderbuch-Kino mit Erzähler und Live-Musik erfunden, für Jugendliche ab 13 Jahren das Format movieZ entwickelt. Jährliche Highlights sind das Kinderfilmfestival (November) und GAFFA, das Filmfestival für junge Leute (Okto-

> **www.marcopolo.de/wien**

MIT KINDERN

ber). Tickets 4,70, mit Aktionskarte 4 Euro | Friedrichstraße 4, Karlsplatz neben dem Café Museum | Tel. 400 08 34 00 | www.cinemagic.at | U1, 2, 4 Karlsplatz | 1. Bezirk

LESOFANTENFEST [142 A4]

Fast drei Wochen lang veranstalten Wiens städtische Büchereien an über zwei Dutzend Veranstaltungsorten jede Menge spannende Veranstaltungen – Clown- und Puppentheater, Lesungen, Konzerte, Filme, Spiele und Workshops, dazu gibt es eine Abenteuernacht im Bücher-Dschungel und die Kinder-Kurier Zeitungswerkstatt. *Eintritt frei | 2. Novemberhälfte | u. a. Zentralbücherei, Urban-Loritz-Platz 2a, Am Gürtel | Tel. 40 008 45 00 | www.buechereien.wien.at | U6 Burggasse/Stadthalle, Straßenbahn 49, Urban-Loritz-Platz | 7. Bezirk*

Insider Tipp

Im Zoom Kindermuseum warten Rollenspiele und Experimentier-Stationen auf kleine Leute

KARTENLEGENDE

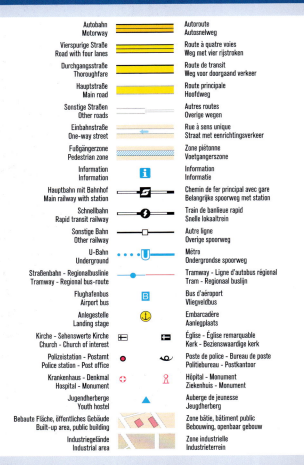

Autobahn		Motorway	Autoroute	Autosnelweg
Vierspurige Straße		Road with four lanes	Route à quatre voies	Weg met vier rijstroken
Durchgangsstraße		Thoroughfare	Route de transit	Weg voor doorgaand verkeer
Hauptstraße		Main road	Route principale	Hoofdweg
Sonstige Straßen		Other roads	Autres routes	Overige wegen
Einbahnstraße		One-way street	Rue à sens unique	Straat met eenrichtingverkeer
Fußgängerzone		Pedestrian zone	Zone piétonne	Voetgangerszone
Information		Information	Information	Informatie
Hauptbahn mit Bahnhof		Main railway with station	Chemin de fer principal avec gare	Belangrijke spoorweg met station
Schnellbahn		Rapid transit railway	Train de banlieue rapid	Snelle lokaaltrein
Sonstige Bahn		Other railway	Autre ligne	Overige spoorweg
U-Bahn		Underground	Métro	Ondergrondse spoorweg
Straßenbahn - Regionalbuslinie		Tramway - Regional bus-route	Tramway - Ligne d'autobus régional	Tram - Regionaal buslijn
Flughafenbus		Airport bus	Bus d'aéroport	Vliegveldbus
Anlegestelle		Landing stage	Embarcadère	Aanlegplaats
Kirche - Sehenswerte Kirche		Church - Church of interest	Église - Église remarquable	Kerk - Bezienswaardige kerk
Polizeistation - Postamt		Police station - Post office	Poste de police - Bureau de poste	Politiebureau - Postkantoor
Krankenhaus - Denkmal		Hospital - Monument	Hôpital - Monument	Ziekenhuis - Monument
Jugendherberge		Youth hostel	Auberge de jeunesse	Jeugdherberg
Bebaute Fläche, öffentliches Gebäude		Built-up area, public building	Zone bâtie, bâtiment public	Bebouwing, openbaar gebouw
Industriegelände		Industrial area	Zone industrielle	Industrieterrein

CITYATLAS WIEN

> Auf den Seiten 130/131 finden Sie eine *Übersichtskarte* mit den 10 wichtigsten Sehenswürdigkeiten

> Eine *Umgebungskarte* vom Großraum Wien befindet sich auf den Seiten 152/153

> Das *Straßenregister* (ab Seite 154) enthält eine Auswahl der im Cityatlas dargestellten Straßen und Plätze

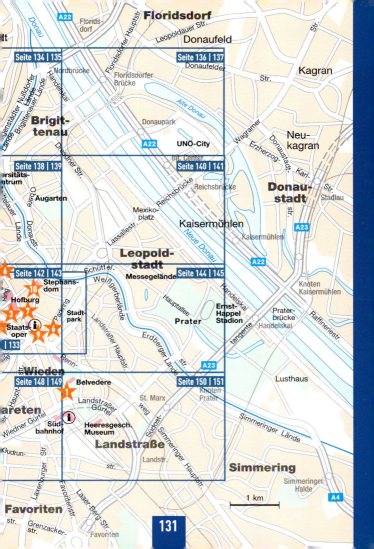

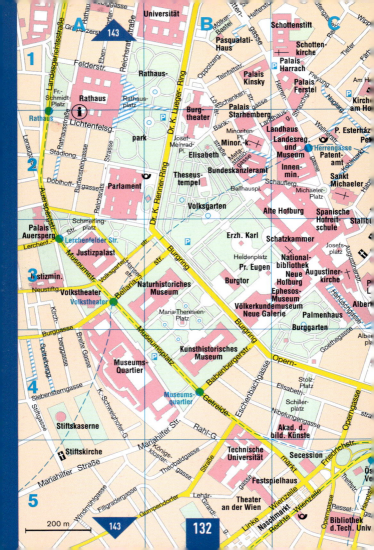

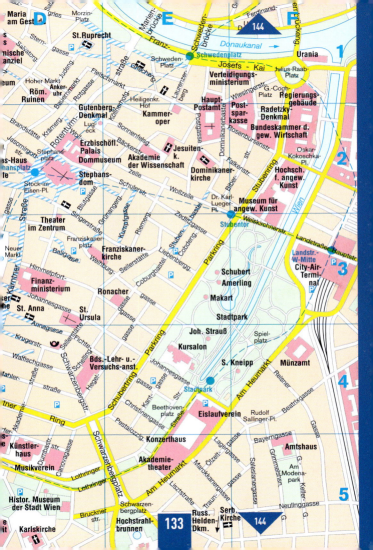

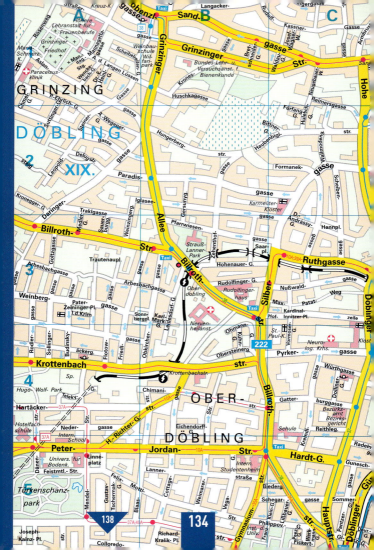

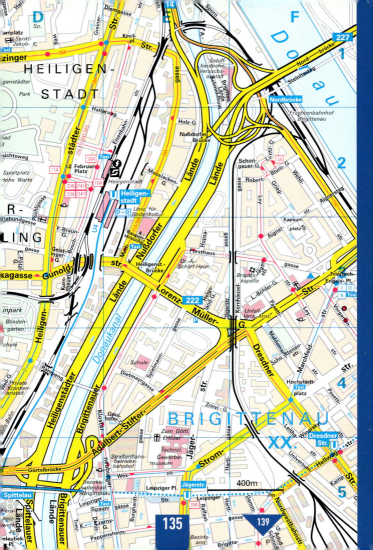

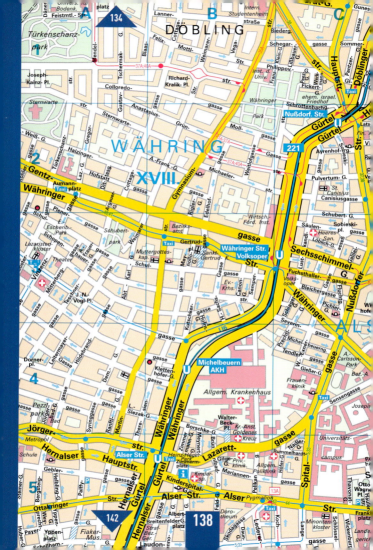

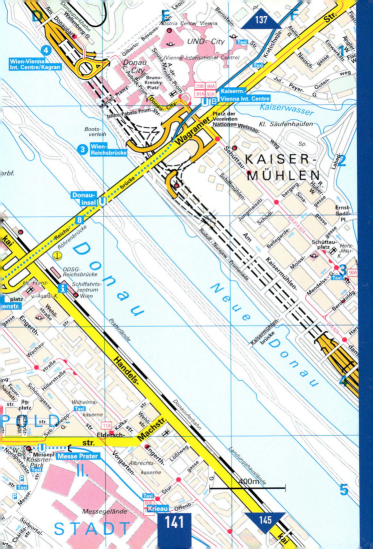

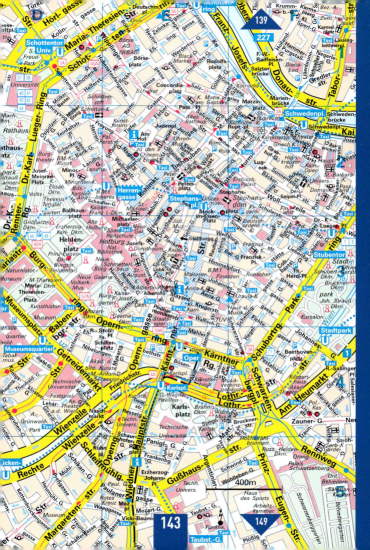

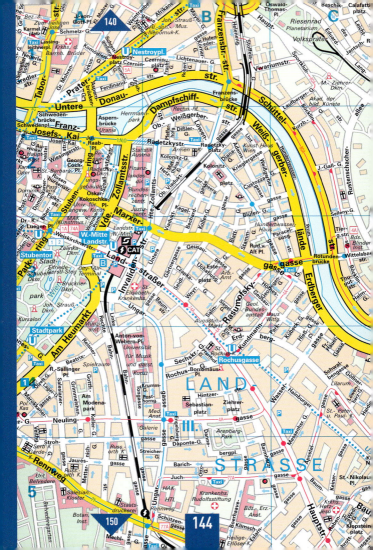

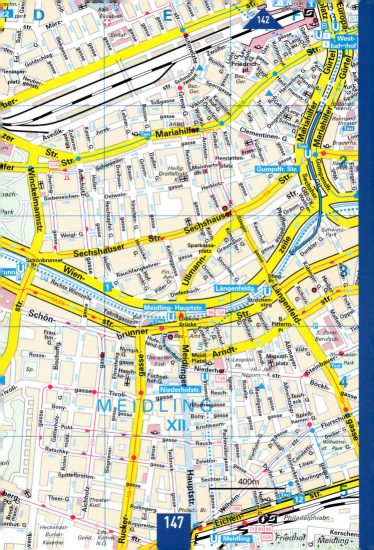

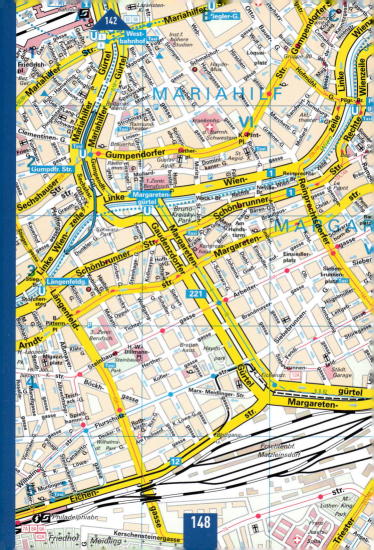

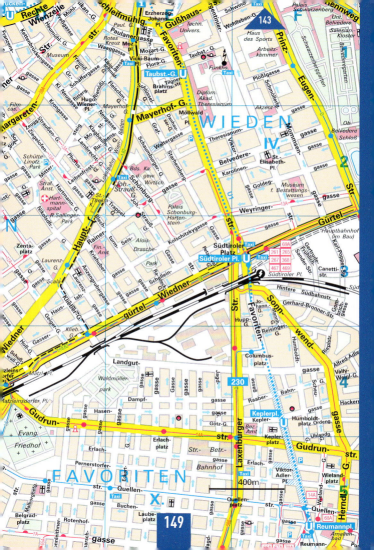

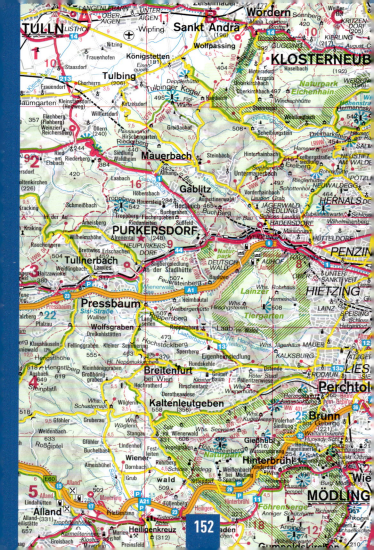

Das Register enthält eine Auswahl der im Cityatlas dargestellten Straßen und Plätze

A

Adalbert-Stifter-Straße **135/D5**
Adolf-Blamauer-Gasse **150/B2**
Aichholzgasse **147/D5**
Aignerstraße **135/F3**
Akademiestraße **133/D4**
Albertgasse **142/B2**
Albertinaplatz **132/C4**
Albertplatz **142/B1**
Alfred-Wegener-Gasse **134/A2**
Allerheiligengasse **135/A5**
Allerheiligenplatz **136/A4**
Alliiertenstraße **140/B3**
Alser Straße **142/B1**
Alserbachstraße **138/C3**
Althanstraße **138/C2**
Am Bruckhaufen **136/C3**
Am Donaupark **137/D4**
Am Heumarkt **133/E5**
Am Hof **132/C1**
Am Hubertusdamm **136/B1**
Am Kaisermühlendamm **141/F3**
Am Kanal **151/D4**
Am Modenapark **133/F5**
Am Tabor **140/A3**
Ameisgasse **146/A2**
Amerlingstraße **142/C5**
An den Langen Lüssen **134/A1**
An der oberen Alten Donau **136/C3**
An der Schanze **137/E2**
Anastasius-Grün-Gasse **138/A2**
Andreasgasse **142/B4**
Angyalföldstraße **137/F1**
Annagasse **133/D3**
Anschützgasse **147/D2**
Anton-Schmid-Promenade **135/E1**
Anzengrubergasse **149/D3**
Apollogasse **142/B5**
Apostelgasse **144/C5**
Arbeitergasse **148/B3**
Arbeiterstrandbadstraße **136/C3**
Arbesbachgasse **134/A3**
Argentinierstraße **149/E1**
Armbrustergasse **134/A3**
Arndtstraße **147/E4**
Arnsteingasse **147/E2**
Arsenalstraße **150/A3**
Aslangasse **134/A1**
Aspangstaße **150/B1**
Aspernbrücke **140/A5**
Aspernbrückengasse **133/F1**
Aßmayergasse **148/A4**
Auerspergstraße **132/A2**

Augartenbrücke **139/E4**
Augustinerstraße **132/C3**
Auhofstraße **146/A3**
Aussichtsweg **135/D2**
Ausstellungsstraße **140/C5**
Avedikstraße **147/D2**

B

Babenbergstraße **132/B4**
Bäckerstraße **133/D2**
Ballgasse **133/D3**
Ballhausplatz **132/B2**
Bandgasse **142/B4**
Bankgasse **132/B2**
Barawitzkagasse **134/C3**
Barichgasse **144/B5**
Bartensteingasse **132/A2**
Bäuerlegasse **139/E2**
Bauernfeldplatz **139/D4**
Bauernmarkt **133/D2**
Baumgasse **150/C1**
Bayerngasse **133/F5**
Beatrixgasse **133/F4**
Beethovenplatz **133/E4**
Belgradplatz **149/D5**
Bellariastraße **132/A3**
Bellegardegasse **141/F3**
Belvederegasse **149/E2**
Benno-Floriani-Platz **142/B2**
Berggasse **139/D5**
Biberstraße **133/E2**
Billrothstraße **134/A3**
Birneckergasse **136/C3**
Birnersteig **137/D3**
Bischhoffgasse **147/D4**
Blindengasse **142/B1**
Blumenauergasse **140/A4**
Blutgasse **133/D2**
Böckhgasse **147/F4**
Böcklinstraße **144/C2**
Bodenstedtgasse **136/C1**
Boerhaavegasse **144/B5**
Boltzmanngasse **138/C3**
Borschkegasse **138/B2**
Börsegasse **143/E1**
Börseplatz **143/E1**
Boschstraße **135/D3**
Bösendorferstraße **133/D4**
Brahmsplatz **149/E1**
Brandmayergasse **148/B3**
Brandstätte **133/D2**
Bräuhausgasse **148/B3**
Bräunerstraße **132/C2**
Braunschweiggasse **146/A3**
Brehmstraße **150/C5**

Breite Gasse **142/C3**
Breitenfeldergasse **142/B1**
Brigittagasse **139/E1**
Brigittaplatz **139/E1**
Brigittenauer Brücke **136/B5**
Brigittenauer Lände **135/D4**
Broßmannplatz **136/C2**
Bruckhaufner Hauptstraße **136/C3**
Brucknerstraße **133/D5**
Brunnengasse **142/A2**
Bruno-Kreisky-Platz **141/E1**
Buchengasse **149/D5**
Buchfeldgasse **142/C2**
Bürgerspitalgasse **148/A1**
Burggasse **132/A4**
Burghardtgasse **135/E5**
Burgring **132/B4**

C

Calafattiplatz **144/C1**
Canovagasse **133/D5**
Carl-Auböck-Promenade **141/E1**
Castellezgasse **140/A4**
Chimanistraße **134/B4**
Christinengasse **133/E4**
Clementinengasse **147/F2**
Cobdengasse **133/E3**
Cobenzlgasse **134/A1**
Coburgbastei **133/D3**
Colloredogasse **138/A1**
Concordiaplatz **143/E1**
Corneliusgasse **142/C5**
Cottagegasse **134/B5**
Cumberlandstraße **146/A2**
Czerningasse **140/A5**
Czerninplatz **140/B5**

D

Dammstraße **139/F1**
Dampfgasse **149/E4**
Dampfschiffstraße **144/B2**
Dänenstraße **135/D1**
Daringergasse **134/A3**
Davidgasse **148/C5**
Dempschergasse **138/A4**
Denisgasse **139/D1**
Deutschmeisterplatz **139/E5**
Diefenbachgasse **147/E3**
Dietmayrgasse **135/E4**
Dietrichgasse **134/C4**
Dingelstedtgasse **148/B1**
Döblerhofstraße **151/E3**
Döblhoffgasse **132/A2**

> www.marcopolo.de/wien

STRASSENREGISTER

Döblinger Gürtel 138/C1
Döblinger Hauptstraße 134/C3
Dominikanerbastei 133/E2
Donau-City-Straße 141/E1
Donaueschingenstraße 136/A5
Donaufelder Straße 137/D1
Donauturmstraße 137/D4
Donauuferautobahn 136/B1
Dorotheergasse 132/C3
Dr.-Karl-Lueger-Platz 133/E2
Dr.-Karl-Lueger-Ring 132/B2
Dr.-Karl-Renner-Ring 132/B2
Dresdner Straße 136/A5
Dreyhausenstraße 146/A1
Dumbastraße 133/D5
Durchlaufstraße 136/A5

E

Ebendorferstraße 143/D1
Eduard-Lang-Weg 140/C5
Eichenstraße 148/A5
Einwanggasse 146/B2
Eisenbahnstraße 135/E2
Eisteichstraße 151/E4
Eiswerkstraße 141/F1
Elisabethstraße 132/C4
Engerthstraße 140/B1
Ennsgasse 140/C4
Erdberger Brücke 151/E2
Erdberger Lände 144/C3
Erdbergstraße 145/B4
Erlachgasse 149/D5
Erzherzog-Johann-Platz 143/E5
Eschenbachgasse 132/B4
Eslangasse 150/B1
Eßlinggasse 143/E1
Esterhazygasse 142/B5
Europaplatz 142/A5

F

Falkestraße 133/E2
Fännergasse 136/B1
Faradaygasse 150/B4
Färbergasse 132/C1
Fasangasse 150/A2
Favoritenstraße 149/E1
Felberstraße 147/D2
Felderstraße 132/A1
Felix-Mottl-Straße 138/B1
Fendigasse 148/C4
Fenzlgasse 146/C1
Ferdinand-Kaufmann-Platz 136/C2
Ferdinandstraße 144/A1
Fiakerplatz 145/D5
Fichtegasse 133/D4
Fillgradergasse 132/A5

Fleischmarkt 133/D1
Florianigasse 142/B2
Floridsdorfer Brücke 136/A3
Floridsdorfer Hauptstraße 136/B2
Floridusgasse 137/D2
Flotowgasse 134/A4
Flurschützstraße 148/A4
Fockygasse 148/A3
Formanekgasse 134/C2
Forsthausgasse 135/E3
Frankhplatz 142/C1
Franklinstraße 137/D1
Franzensbrücke 144/B1
Franzensbrückenstraße 140/B5
Franzensgasse 143/D5
Franz-Hochedinger-Gasse 139/E5
Franziskanerplatz 133/D3
Franz-Josefs-Kai 133/E1
Franzosengraben 151/E3
Freytaggasse 136/C1
Freyung 132/C1
Friedensbrücke 139/D2
Friedlgasse 134/A4
Friedrich-Engels-Platz 135/F3
Friedrich-Schmidt-Platz 132/A1
Friedrichstraße 132/C5
Friedrich-Wilhelm-Raiffeisen-Platz 139/F5
Friedstraße 137/D4
Fultonstraße 137/E2

G

Gablenzgasse 142/A3
Gallmeyergasse 134/C3
Gänsbachergasse 150/C5
Garnisongasse 138/C5
Gartengasse 149/D2
Gärtnergasse 144/B3
Gassergasse 149/D4
Gatterburggasse 134/C4
Gaudenzdorfer Gürtel 148/B3
Gaußplatz 139/E3
Gebhardtgasse 134/C4
Geblergasse 138/A5
Geibelgasse 147/E2
Geiselbergstraße 150/C5
Gentzgasse 138/C2
Georg-Coch-Platz 133/F1
Gerhardusgasse 139/D2
Gerlasse 150/A1
Getreidemarkt 132/B4
Geusaugasse 144/B3
Geweygasse 134/C2
Ghegastraße 150/A3
Girardigasse 132/B5
Glasergasse 139/D3
Gloriettegasse 146/A4

Goethegasse 132/C4
Goldschlagstraße 146/A1
Gölsdorfgasse 143/E1
Gonzagagasse 139/E5
Gottfried-Keller-Gasse 133/F5
Graben 132/C2
Grabnergasse 148/B2
Graf Starhemberg Gasse 149/E2
Grasbergergasse 150/C3
Gräßlplatz 150/C5
Gredlerstraße 139/F5
Gregor-Mendel-Straße 138/A2
Grenzgasse 147/E1
Grillparzerstraße 142/C1
Grimmelshausengasse 133/F5
Grinzinger Allee 134/B1
Grinzinger Straße 134/B1
Große Mohrengasse 144/A1
Große Neugasse 149/D1
Grünangergasse 133/D3
Grünbergstraße 146/C5
Grünentorgasse 139/D4
Grüngasse 151/E3
Gudrunstraße 149/D4
Guglgasse 151/E3
Gumpendorfer Gürtel 148/A2
Gumpendorfer Straße 132/A5
Gunoldstraße 135/D3
Gürtelbrücke 135/D5
Gußhausstraße 143/E5
Gymnasiumstraße 138/B2

H

Habsburgergasse 132/C2
Hadikgasse 146/A2
Hagenmüllergasse 144/C5
Haidgasse 139/F5
Hainburger Straße 144/C4
Haizingergasse 138/A2
Halbgasse 142/B3
Hamburger Straße 142/C5
Handelskai 136/A3
Hannovergasse 139/E2
Hannplatz 134/C3
Hans-Richter-Gasse 134/A5
Hanuschgasse 132/C3
Hardtgasse 134/C5
Harkortstraße 140/C4
Hartäckerstraße 134/A4
Hasengasse 149/D4
Haubenbiglstraße 134/B2
Hauptallee 144/B1
Hegelgasse 133/D4
Hegergasse 150/B2
Heiligenkreuzer Hof 133/E1
Heiligenstädter Brücke 135/E3
Heiligenstädter Lände 135/D4

154 | 155

Heiligenstädter Straße 134/C5
Heinestraße 140/A4
Heinrichgasse 143/E1
Heldenplatz 132/B3
Helenengasse 140/B5
Helferstorferstraße 143/D1
Hellwagstraße 139/F1
Henriettenplatz 147/E2
Hermanngasse 142/B4
Hernalser Gürtel 142/A2
Hernalser Hauptstraße 138/A5
Herndlgasse 149/F5
Herrengasse 132/C1
Herthergasse 148/B4
Hetzgasse 144/B2
Heumühlgasse 143/D5
Hietzinger Hauptstraße 146/A3
Hietzinger Kai 146/A2
Hildebrandgasse 138/A4
Hillerstraße 141/D4
Himmelpfortgasse 133/D3
Hintere Zollamtsstraße 144/B3
Hirschengasse 142/B5
Hochstädtplatz 135/F4
Hofmannstalgasse 150/C3
Hofmühlgasse 148/C1
Hofzeile 134/C3
Hohe Warte 134/C1
Hohenauergasse 134/B3
Hohenbergstraße 147/D5
Hohenstaufengasse 143/D1
Hoher Markt 133/D1
Hohlweggasse 150/B2
Hollandstraße 139/F5
Hörlgasse 139/D5
Hoßplatz 137/D1
Hubertusgasse 136/C4
Hugo-Wiener-Platz 149/D1
Hungerbergstraße 134/B2
Huschkagasse 134/B1
Hütteldorfer Straße 142/A4

I
Iglaseegasse 134/A2
Innstraße 140/B2
Invalidenstraße 144/A3

J
Jacquingasse 150/A2
Jägerstraße 139/E3
Jahngasse 151/D3
Jasomirgottstraße 133/D2
Jauresgasse 144/A5
Jedleseer Straße 136/B1
Jheringgasse 147/D2
Jodok-Fink-Platz 142/B2
Johannesgasse 133/D3
Johann-Strauß-Gasse 149/E2

Johnstraße 147/D1
Jordangasse 133/D1
Jörgerstraße 138/A4
Josef-Holaubek-Platz 139/D1
Josef-Meinrad-Platz 132/B2
Josef-Melichar-Gasse 136/C3
Josefsplatz 132/C3
Josefstädter Straße 142/A2
Joseph-Kainz-Platz 138/A1
Juchgasse 144/B5
Judengasse 133/D1
Judenplatz 132/C1
Julius-Raab-Platz 133/F1
Jungstraße 141/D4

K
Kaiserallee 145/D2
Kaisermühlenbrücke 141/F4
Kaiserstraße 142/A3
Kandlgasse 142/A4
Kapaunplatz 135/F3
Kardinal-Innitzer-Platz 134/C3
Kardinal-Nagl-Platz 144/C5
Karlingergasse 146/A2
Karl-Schweighofer-Gasse 143/D4
Karlsplatz 132/C5
Karmelitergasse 139/E5
Kärntner Ring 133/D4
Kärntner Straße 133/D3
Kegelgasse 144/B2
Kelsenstraße 150/B1
Kennedybrücke 146/B3
Keplerplatz 149/F5
Kepplergasse 149/F4
Kerschensteinergasse 148/A5
Kettenbrückengasse 149/D1
Kinderspitalgasse 142/B1
Kirchberggasse 142/A3
Kirchengasse 142/C3
Klabundgasse 135/D3
Kleine Neugasse 149/D1
Kleine Sperlgasse 139/F5
Kliebergasse 149/D3
Klimschgasse 150/B1
Klosterneuburger Straße 135/D4
Kochgasse 142/C1
Kohlmarkt 132/C2
Kölblgasse 150/A2
Kolingasse 143/D1
Köllnerhofgasse 133/E2
Kolonitzgasse 144/B2
Kolschitzkygasse 149/E3
Komödiengasse 144/A1
Königsklostergasse 132/B5
Kopalgasse 151/E5
Kopernikusgasse 142/C5

Koppstraße 142/A3
Kornhäuselgasse 135/F3
Köstlergasse 143/D4
Krämergasse 133/D2
Krausegasse 151/E5
Kreindlgasse 134/C5
Krichbaumgasse 147/E4
Krieglergasse 144/B2
Kronesgasse 134/B1
Krongasse 149/D1
Krottenbachstraße 134/A4
Krugerstraße 133/D4
Krummbaumgasse 139/F5
Kugelfanggasse 136/C3
Kühnplatz 143/D5
Kumpfgasse 133/E3
Kurt-Pint-Platz 148/B2
Kutschkergasse 138/B4

L
Lagergasse 133/E5
Laimgrubengasse 143/D4
Lainzer Straße 146/A3
Lambrechtgasse 151/E2
Lammgasse 142/C2
Landesgerichtsstraße 132/A1
Landgutgasse 149/E5
Landhausgasse 132/B2
Landstraßer Gürtel 150/A2
Landstraßer Hauptstraße 144/A3
Langackergasse 134/B1
Lange Gasse 142/C1
Längenfeldgasse 148/A3
Lannerstraße 134/B5
Lassallestraße 140/C4
Laudongasse 142/A1
Laufbergergasse 144/C2
Laurenzerberg 133/E1
Laxenburger Straße 149/F5
Lazarettgasse 138/B5
Leberstraße 150/C2
Lechnerstraße 145/D5
Ledderergasse 142/B1
Lehargasse 143/D4
Leipziger Platz 139/E1
Leipziger Straße 139/D1
Leitenmayergasse 138/A4
Lenaugasse 142/C2
Leonard-Bernstein-Straße 137/E5
Leonhardgasse 151/D1
Leopoldsgasse 139/E4
Leopold-Steiner-Gasse 134/A2
Lerchenfelder Gürtel 142/A3
Lerchenfelder Straße 132/A3
Lerchengasse 142/B2
Lessinggasse 140/A3
Leystraße 135/F2
Leystraße 136/A5

STRASSENREGISTER

Lichtenfelsgasse 132/A2
Lichtentalergasse 132/C3
Liebenberggasse 133/E3
Liebiggasse 143/D1
Liechtensteinstraße 138/C2
Liechtenbrunngasse 139/F5
Liechtenwerder Platz 138/C1
Lilienthalgasse 150/B4
Lindengasse 142/B4
Liniengasse 148/A2
Linke Bahngasse 144/A3
Linke Wienzeile 132/B5
Linnéplatz 134/A5
Linzer Straße 146/A1
Lisztstraße 133/E5
Litfaßstraße 151/D3
Loquaiplatz 142/B5
Lorenz-Müller-Gasse 135/E3
Lothringer Straße 133/D5
Löwelstraße 132/B1
Löwengasse 144/B2
Ludwig-Koeßler-Platz 145/D5
Lugeck 133/D2
Lusthausstraße 145/E4
Lutherplatz 148/B2

M

Machstraße 141/E5
Mahlerstraße 133/D4
Malfattigasse 148/A3
Mannagettagasse 134/A1
Marathonweg 145/F3
Marchfeldstraße 135/F4
Margaretengürtel 148/B3
Margaretenstraße 143/D5
Mariahilfer Gürtel 148/A2
Mariahilfer Straße 132/A5
Mariannengasse 138/B5
Maria-Theresien-Platz 132/B3
Maria-Theresien-Straße 139/D5
MariaTreugasse 142/C2
Marienbrücke 133/E1
Markhofgasse 151/D1
Marokkanergasse 133/E5
Martinstraße 138/A4
Marxergasse 144/A2
Märzstraße 146/B1
Mattiellistraße 143/E5
Matzleinsdorfer Platz 149/D4
Maxingstraße 146/A5
Mayerhofgasse 149/E2
Meidlinger Hauptstraße 147/E4
Meldemannstraße 135/F4
Messeplatz 141/D5
Messestraße 141/D5
Metastasiogasse 132/B2
Minoritenplatz 132/B2

Mittelgasse 148/A1
Mittersteig 149/D2
Modecenterstraße 151/E3
Mohsgasse 150/A2
Mölker Bastei 132/B1
Molkereistraße 140/C4
Mollardgasse 148/A2
Mommsengasse 149/F2
Montecuccoliplatz 146/A5
Mooslackengasse 135/E2
Morelligasse 137/D2
Mortaraplatz 134/A5
Morzinplatz 133/D1
Mühlfeldgasse 140/B4
Mühlgasse 143/D5
Mühlschüttelgasse 136/C2
Murlingengasse 148/A5
Museumsplatz 132/A3
Museumstraße 132/A3
Muthgasse 135/E3
Myrthengasse 142/B3

N

Naglergasse 132/C2
Naschmarkt 132/B5
Nedergasse 134/A4
Negerlegasse 139/F5
Nestroyplatz 144/A1
Neubaugasse 142/B3
Neubaugürtel 142/A3
Neudeggergasse 142/C2
Neuer Markt 133/D3
Neulinggasse 144/A4
Neustiftgasse 142/A3
Neutorgasse 143/E1
Nibelungengasse 143/D4
Niederhofstraße 147/D5
Nordbahnbrücke 136/B3
Nordbahnstraße 136/B2
Nordbrücke 136/A1
Nordmanngasse 137/E1
Nordportalstraße 141/D5
Nordwestbahnstraße 140/C3
Nottendorfer Gasse 151/E2
Novaragasse 140/A4
Nußdorfer Brücke 135/E2
Nußdorfer Lände 135/E3
Nußdorfer Straße 138/C2
Nußwaldgasse 134/C3

O

Obere Amtshausgasse 148/C3
Obere Augartenstraße 139/E3
Obere Donaustraße 139/E3
Obere Viaduktgasse 144/B2
Obere Weißgerberstraße 144/B2
Obermüllnerstraße 140/C4

Oberzellergasse 150/C2
Obkirchergasse 134/B4
Oelweingasse 147/E2
Olympiaplatz 145/F2
Operngasse 132/C5
Opernring 132/C4
Opitzgasse 146/A5
Oppolzergasse 132/B1
Oskar-Kokoschka-Platz 133/F2
Ospelgasse 140/A1
Osterleitengasse 134/C4
Othmargasse 139/E2
Ottakringer Straße 138/A5
Otto-Bauer-Gasse 142/B5
Otto-Wagner-Platz 142/C1

P

Paniglgasse 143/E5
Pantzergasse 134/C5
Pappenheimgasse 139/D1
Paradisgasse 134/A2
Parkring 133/E4
Pasettistraße 136/A4
Passauer Platz 132/C1
Pater-Zeininger-Platz 134/A3
Patrizigasse 137/D1
Paulanergasse 139/E5
Paul-Ehrlich-Gasse 134/A5
Paulusgasse 150/C1
Paulusplatz 150/C1
Payergasse 138/A5
Pazmanitengasse 140/A4
Pentergasse 134/C2
Penzinger Straße 141/D5
Pernerstorfergasse 149/D5
Perspektivstraße 141/D5
Pestalozzigasse 133/E4
Peter-Jordan-Straße 134/A5
Petersplatz 133/D2
Pfarrplatz 135/D1
Pfarrwiesengasse 134/B3
Pfeiffergasse 147/F2
Pfeilgasse 142/A2
Philharmonikerstraße 132/C4
Phorusgasse 151/D2
Piaristengasse 142/C2
Pichelwangergasse 136/B1
Pierre-de-Coubertin-Platz 145/F3
Pilgramgasse 148/C2
Plankenbüchlergasse 137/E1
Platz-der-Vereinten-Nationen 141/E2
Pöchlarnstraße 140/B1
Pohlgasse 147/D4
Pokornygasse 134/C4
Porzellangasse 139/D3
Postgasse 133/E2

156 | 157

Pramergasse 139/D4
Prater Stern 140/B5
Praterstraße 144/A5
Preßgasse 143/D5
Prießnitzgasse 136/C2
Prinz-Eugen-Straße 143/F5
Probusgasse 134/C1
Püchlgasse 135/D3
Pulverturmgasse 138/C2
Pyrkergasse 134/C3

Q

Quellenplatz 149/E5
Quellenstraße 149/D5

R

Rabengasse 144/C5
Radelmayergasse 134/C5
Radetzkyplatz 144/B2
Radetzkystraße 144/B2
Radingerstraße 140/C3
Raffaelgasse 139/E1
Rahlgasse 132/B4
Rainergasse 149/D3
Ramperstorffergasse 148/C2
Rappachgasse 151/F5
Rasumofskygasse 144/B3
Rathausplatz 132/A1
Rathausstraße 132/A2
Ratschkygasse 147/D5
Rauchfangkehrergasse 147/E3
Rauchgasse 147/E5
Rauscherstraße 139/F2
Rautenkranzgasse 137/D2
Rebhanngasse 140/A1
Rechte Bahngasse 144/A3
Rechte Wienzeile 132/B5
Reichsbrücke 141/D3
Reichsratsstraße 132/A2
Reimergasse 134/C1
Reindorfgasse 147/E2
Reinlgasse 146/C2
Reinprechtsdorfer Straße 148/C2
Reisnerstraße 133/F4
Rembrandtstraße 139/E4
Renngasse 143/E2
Rennweg 143/F5
Resselgasse 132/C5
Reumannplatz 149/F5
Reznicekgasse 138/C2
Riemergasse 133/E3
Rinnböckstraße 151/D3
Robert-Blum-Gasse 135/F2
Rochusgasse 144/B4
Rögergasse 139/D3

Rooseveltplatz 139/D5
Rosenbursenstraße 133/E2
Roßauer Lände 139/E3
Roßauerbrücke 139/E4
Rotenlöwengasse 139/D3
Rotensterngasse 140/A5
Rotenturmstraße 133/D2
Roter Hof 142/C3
Rotgasse 133/D2
Rotundenallee 144/C3
Rotundenbrücke 139/F4
Rotundenplatz 145/D2
Ruckergasse 147/E5
Rüdigergasse 142/C5
Rudolfinergasse 134/B2
Rudolf-Kassner-Gasse 134/B1
Rudolf-Nurejew-Promenade 141/E3
Rudolf-Salinger-Platz 133/F4
Rudolfsplatz 143/E1
Rustenschacherallee 144/C2
Ruthgasse 134/C3

S

Saarplatz 134/B3
Sachsenplatz 139/F2
Salesianergasse 133/F5
Salvatorgasse 133/D1
Salzgries 133/D1
Salztorbrücke 143/F1
Salztorgasse 143/E1
Sandgasse 134/B1
Sandrockgasse 136/C3
Sankt-Ulrichs-Platz 142/C3
Satzingerweg 137/E1
Säulengasse 138/C3
Schadekgasse 132/C5
Schallautzerstraße 144/A2
Schauflergasse 132/B2
Schaurhofergasse 143/E4
Scheffelstraße 137/D2
Schegargasse 138/B1
Scheibengasse 134/C2
Schellhamgasse 142/A1
Schellinggasse 133/D4
Schiffamtsgasse 139/F4
Schikanedergasse 143/D5
Schillerplatz 132/C4
Schlachthausgasse 151/E2
Schlechtastraße 150/C5
Schleifmühlgasse 143/D5
Schlickgasse 139/D4
Schliemanngasse 137/D1
Schloßallee 146/C2
Schloßbrücke 146/C3
Schlösselgasse 142/C1
Schloßhofer Straße 137/D1
Schmalzhofgasse 148/B1

Schmeldbrückenrampe 147/E1
Schmelzbrücke 147/E1
Schmelzgasse 151/E2
Schmerlingplatz 132/A3
Schnirchgasse 151/E2
Schönbrunner Brücke 147/E1
Schönbrunner Schloßstraße 146/B3
Schönbrunner Straße 147/D3
Schönburgstraße 149/E2
Schopenhauerstraße 138/A3
Schöpfleuthnergasse 136/C1
Schottenaustraße 135/F4
Schottenfeldgasse 142/B3
Schottengasse 143/D1
Schottenring 133/D1
Schubertgasse 138/C3
Schubertring 133/E4
Schulerstraße 132/E2
Schulgasse 138/A3
Schüttauplatz 141/F3
Schüttaustraße 141/E2
Schüttelstraße 144/B1
Schützengasse 150/B1
Schwarzenbergplatz 133/D4
Schwarzenbergstraße 133/D4
Schwarzspanierstraße 138/C5
Schwedenbrücke 133/E1
Schwedenplatz 133/E1
Schweizer-Garten-Straße 150/A3
Schwendergasse 147/D2
Schwenkgasse 147/D5
Schwindgasse 143/E5
Sechshauser Gürtel 148/A2
Sechshauser Straße 147/D3
Sechskrügelgasse 144/B4
Sechsschimmelgasse 138/C3
Sedlitzkygasse 151/E5
Seegasse 139/D3
Seidengasse 142/A4
Seilergasse 133/D3
Seilerstätte 133/D4
Seitzgasse 132/C2
Semperstraße 138/B3
Sensengasse 138/C4
Severingasse 138/C3
Siebenbrunnenfeldgasse 148/C2
Siebenbrunnengasse 148/C4
Siebenbrunnenplatz 148/C4
Siebensterngasse 142/C3
Sigmundsgasse 142/C3
Silbergasse 134/B3
Simmeringer Hauptstraße 151/D2
Simoningplatz 151/F4
Singerstraße 133/D2

> www.marcopolo.de/wien

STRASSENREGISTER

Skodagasse 142/B2
Sobieskigasse 138/C2
Sollingergasse 134/A4
Sonnenfelsgasse 133/E2
Sonnwendgasse 149/F3
Spanngasse 136/C3
Spiegelgasse 133/D3
Spielmanngasse 135/E4
Spitalgasse 138/C5
Spittauer Lände 139/D2
Spittelauer Platz 139/D3
Spittelberggasse 132/A4
Sportklubstraße 140/C5
Stadionallee 145/E5
Stadionbrücke 145/D5
Stadiongasse 132/A2
Stadtgutgasse 140/A4
Steinbauergasse 148/A4
Steingasse 150/B1
Stephansplatz 133/D2
Sterngasse 133/D2
Sternwartestraße 138/A2
Steudelgasse 150/A5
Stiegengasse 143/D5
Stiegerbrücke 147/F3
Stiegergasse 147/F3
Stiftgasse 142/C4
Stock-im-Eisen-Platz 133/D2
Stoffellagasse 140/B5
Stolberggasse 148/C3
Stollgasse 142/A4
Stolzplatz 132/C3
Stranitzkygasse 147/D5
Straße des Ersten Mai
  140/C5
Straßergasse 134/A1
Strauchgasse 132/C2
Straußengasse 149/D2
Strohgasse 144/A5
Stromstraße 135/E5
Strozzigasse 142/B2
Strudlhofgasse 138/C4
Stubenbastei 133/E3
Stubenring 133/F2
Stuckgasse 142/C3
Stumpengasse 148/B1
Stürzergasse 135/D2
Stuwerstraße 140/C4
Südportalstraße 145/D1
Südtiroler Platz 149/E3
Symphonikerstraße 143/E4
Syringgasse 138/A4

T

Taborstraße 140/A5
Taubstummengasse 149/E1
Technikerstraße 143/F4
Tegetthoffstraße 132/C4

Tendlergasse 138/C4
Teschnergasse 138/A3
Thaliastraße 142/A2
Theobaldgasse 132/B5
Theodor-Körner-Gasse 137/D2
Theresianumgasse 149/E2
Theresiengasse 138/A4
Thurngasse 139/D4
Tiefer Graben 132/C1
Tigergasse 142/B2
Tivoligasse 147/D4
Trabrennstraße 145/E2
Traisengasse 140/A1
Traklgasse 134/A2
Traungasse 133/E5
Trauttmansdorffgasse
  146/A4
Treitlstraße 132/C5
Treustraße 139/D2
Triester Straße 148/C5
Trunnerstraße 140/A3
Tuchlauben 132/C2
Türkenschanzstraße 138/A2
Türkenstraße 139/E4

U

Ullmannstraße 147/E3
Ungargasse 144/A3
Universitätsstraße 143/D1
Universumstraße 139/F1
Untere Augartenstraße 139/E4
Untere Donaustraße 144/A1
Untere Viaduktgasse 144/B3
Urban-Loritz-Platz 142/A4

V

Viehmarktgasse 151/D2
Viktorgasse 149/E2
Vinzenzgasse 138/A3
Vivariumstraße 140/B5
Vivenotgasse 147/E4
Volkertstraße 140/A3
Volksgartenstraße 132/A3
Vordere Zollamtsstraße
  144/A3
Vorgartenstraße 140/C3

W

Waaggasse 149/D1
Wagramer Straße 141/E2
Währinger Gürtel 138/B5
Währinger Straße 138/A2
Waldmüllergasse 139/F1
Walfischgasse 133/D4
Wallensteinplatz 139/E2
Wallensteinstraße 139/E2
Wallmodengasse 134/C2
Wallnerstraße 132/C2

Waltergasse 149/E2
Wasnergasse 139/E3
Wassergasse 144/C4
Webgasse 142/B5
Wehlistraße 136/B5
Wehrgasse 143/D5
Weihburggasse 133/D3
Weimarer Straße 138/A3
Weinberggasse 134/A3
Weintraubengasse 140/A5
Weinzierlgasse 146/A2
Weiskirchenerstraße 133/F3
Weissauweg 141/F2
Weißenthurngasse 146/C5
Weißgerberlände 144/B2
Westbahnstraße 142/A4
Wexstraße 135/E5
Weyringergasse 149/F2
Wickenburggasse 142/C1
Wiedner Gürtel 149/D3
Wiedner Hauptstraße 143/E5
Wieningerplatz 147/D1
Wiesingerstraße 133/F1
Wildgansplatz 150/C3
Wilhelm-Exner-Gasse
  138/D4
Wilhelmstraße 147/E5
Wimbergergasse 142/A3
Wimmergasse 149/D3
Winckelmannstraße 147/E5
Windmühlgasse 132/A5
Wipplingerstraße 132/C1
Wohllebengasse 143/E5
Wohlmutstraße 140/C4
Wolfganggasse 148/A3
Wollergasse 134/C2
Wollzeile 133/D2
Wurtzlerstraße 151/D2

Y

Ybbsstraße 140/C4

Z

Zaunergasse 143/F4
Zedlitzgasse 133/E2
Zehenthofgasse 134/B3
Zeleborgasse 147/E5
Zelinkagasse 143/E1
Zeltgasse 142/C2
Zentagasse 149/D2
Ziakplatz 150/C2
Ziegelofengasse 149/D2
Zieglergasse 142/B3
Zimmermannplatz 138/B5
Zippererstraße 151/E4
Zirkusgasse 144/A1
Zollergasse 142/C4
Zufahrtsstraße 140/C5

ABC

Im Register finden Sie alle beschriebenen Sehenswürdigkeiten, Museen und Ausflugsziele sowie Hotels, Restaurants, Bars, Shoppingtipps und die Namen wichtiger Persönlichkeiten. Halbfette Seitenzahlen verweisen auf einen Haupteintrag.

100 000 Gratisbücher 23
2nd Deal 77
Abenteuer-Wanderungen 122
Academia 114
Adagio 103
Aida 59
Albertina 119
All You Need 115
Alles über Clowns und
   Glocken 24
Alte Donau 42
Alte Schmiede 23
Ambiente 103
Amicis Outlet 78
Ani & Ani-Falstaff 113
Ankeruhr 51
A & O Hostels 105
Arena 29
Art Walks 38
Artup 75
Augarten 48
Augustinerkirche 29
Auto parken 14
B72 97
Badeschiff 47
Bahnlinie S45 39
Bahnorama 38
Bawag & Generali
   Foundation
   / Contemporary 25
Bellaria 12
Belvedere 16
Bogi Park 123
Botanischer Garten 123
Brunnenmarkt 63
Buch Wien 24
Burg- und Akademietheater
   4, 33
Café Carina 96
Café Concerto 97
Café Gschamster Diener 34
Camping Neue Donau 104
Camping Wien Süd 105
Camping Wien West 105
Carla Mittersteig 78
Carla Nord 81
Centimeter 58
Chegini Outlet 88

Chelsea 97
Chill out im Museumsquartier
   28
Cinemagic 126
Citybike 13
Clubfeeling Im Kino
   101
Cordial Theaterhotel Wien
   117
Couchsurfing 111
Das Auto parken 14
Der Wiener Deewan 5, 65
Die Schenke 82
Do Step Inn 105
Doblinger 84
Donauinsel 44
Donauinselfest 19
Dr. Geissler 113
Drechsler 60
Ehrbarsaal 30
Ekazent Schönbrunn 106
Espresso Hobby 60
Etap 106
Exkursionen in die Donau-
   auen 4, 42
Family Fun 123
Festwocheneröffnung 19
Feuerwehrmuseum 119
First Class – Second Hand 88
FKK Lobau 43
Flex 98
Flohmarkt am Naschmarkt
   82
Flohmarkt Fuchsenfeldhof 83
Flughafen-Transfer 9
Freistil 5, 78
Friday Night Skating 46
Friseur Headquarters 85
Fürnkranz Factory Outlet 79
Galerien 36
Garbarage 81
Gasometer 30
Gassner's Wirtshaus 54
Gästehaus Pfeilgasse 115
Gig im Justizzentrum 62
Gigi Vintage Couture 79
Gratis-Eintritt ins Museum 30
Gratis-Klettern 46

Grillplätze im Grünen 66
Grinzing 16
Grösste Quadrille der Welt 48
Gürtel Nightwalk 20
Gutes Gewissen beim Ein-
   kaufen 83
Hansy 54
Hargita 113
Hauptbibliothek 4, 10
Haus Wien Energie 12
Heeresgeschichtliches
   Museum 25
Hofburg 16
Hostel Hütteldorf 107
Hotel Bristol 116
Humana 81
Hundertwasser erleben 41
Hundertwasser, Friedensreich
   38, 58
Im Auto 7
Im Kloster übernachten 112
Imbiss im Stehen – Am
   Würstelstand 56
Indoor-Sport & -Fitness 46
Inigo 65
Internet-Cafés 12
Jüdisches Erbe 37
Jugendgästehaus
   Brigittenau 108
Jugendherberge
   Wienmyrthengasse 108
K. & K. Burgmusik 30
Kaufhaus Schiepek &
   Shipping 85
Kent 65
Kim kocht 65
Kleines Café 93
Kornhäusel, Josef 37
Kost-Nix-Laden 85
Kraftwerk Freudenau 51
Kriterium 35
Kuchlmasterei 73
Kuffner Sternwarte 124
Kugel 106
Kunsthistorisches Museum 16, 25
Kunstsupermarkt 89
L. E. O. 34

> www.marcopolo.de/wien

REGISTER

La Boule 91
Lainzer Tiergarten 43
Last-Minute-Tickets
 Wiener Bühnen 11, 18
Lebensbaumkreis am
 Himmel 31
Leiner 66
Leitungswasser bestellen 60
Leopoldsberg 10
Lesofantenfest 127
Life Ball – Fashionshow 20
Lobmeyr 26
Maja-Tauschboutique 79
Manner 5, 75
Manufaktur Percy 76
Mcarthurglen Designer Outlet
 88
Meierei im Steiereck 72
Meininger 108
Meiselmarkt 63
Merkur 94
Miet-Minis 15
Mini Mak 120
Minoritenstüberl 61
Mit der Bim rund um den
 Ring 7
Möbeldepot 82
Molin-Pradel 53
Motto am Fluss 67
Multi Media Stations 12
Museum auf Abruf 26
Museum Of Young Art 26
Museumsquartier 16
Musikmeile Wien 31
Musikfilmfestival 22
Musikverein 31
Nach Rabatten fragen 106
Nachtwerk 99
Napoleon-Rundwanderweg
 44
Naschmarkt 63
Naturhistorisches Museum
 121
Neon 67
Neu Deli 67
Neue Wiener Werkstätten
 Outlet 89
Neuer Markt 113
Novomatic Forum 68
Oberes Belvedere 9
Odyssee 112
Öffentliche Verkehrsmittel
 13
Österreich Werbung 11
Österreicher im Mak 72

Ost-Klub 99
Papageno 114
Parlament 37
Per Bahn 9
Per Flugzeug 9
Peters Operncafé 94
Pfarrwirt 73
Phil 95
Picknick in schönster Lage 69
Pizzeria Mafiosi 68
Polyklamott 79
Porzellaneum 115
Pötzleindorfer Schlosspark
 124
Pregenzer-Outlet 80
Privatzimmer im Netz 114
Public Internet 12
Regenbogenparade 21
Reinthaler 4, 56
Renato 53
Ride Club 100
Ringstraße 17
Robinson-Insel 5, 124
Rosen-Hotel 115
Rote Bar im Volkstheater
 96
Sacher 77
Sacher, Franz 76
Salm Bräu 57
Sängerknaben &
 Philharmoniker 32
Schatzkammer 17
Schloss Neugebäude 51
Schloss Schönbrunn 17
Schlossherberge Am
 Wilhelminenberg 108
Schönbrunner Stöckl 57
Schöne Perle 57
Schwarzenberg 61
Silvesterpfad 22
Sky-Café 11
Snipcards 15
Soho 63
Soho Vienna 92
Sommerfeeling Am
 Donaukanal 48
Sommernachtskonzert der
 Wiener Philharmoniker 32
Sonntagskonzerte im Prater
 33
Spielebox 124
Staatsoper 17, 35
Staud's 77
Stephansdom 17
Streichelzoos 122

Studentenwohnbörse 112
Supercafé 95
Surfland 12
Tauschzentrale 86
Tchibo Outlet 86
Technisches Museum 121
Teuchtler 84
Tewa 68
Textil-Müller 81
The Levante Parliament
 116
The Lounge & @ The Nasch-
 markt 5, 110
Theater Nestroyhof
 Hamakom 35
Tichy 54
Tipps aus dem Netz 125
Transporter Bar 92
Triest 116
Trzesniewski 58
Tunnel 99
Uniqa Tower 62
Urania 107
VHS & Sternwarte Urania 35
Viennart 117
Vintage Flo 89
Volksgarten Disco & Pavillon
 100
Volkshilfe Würfel 86
Volxkino 23
Vormagazin 11
Wagner, Otto 41, 42, 68, 96
Wasserspielplatz
 Donauinsel 125
Wein-Wanderweg 50
Welser-Möst, Franz 29
Wien erlaufen 46
Wien Tourismus Info 11
Wiener Eistraum 125
Wiener Freiheit 101
Wiener Werkstätte-
 Museum 28
Wien-Karte 15
Winklers Zum Posthorn 57
Wirr 5, 93
Witwe Bolte 69
Wombat's The Base 110
Wuk 36
Yoga Für 1 Euro 47
Zipser 101
Zoom Kindermuseum 126
Zu den 3 Buchteln 69
Zum Alten Hofkeller 71
Zur Wildsau 71
Zwölf-Apostelkeller 71

10 € GUTSCHEIN
für Ihr persönliches Fotobuch*!

Gilt aus rechtlichen Gründen nur bei Kauf des Reiseführers in Deutschland und der Schweiz

SO GEHT'S: Einfach auf www.marcopolo.de/fotoservice/gutschein gehen, Wunsch-Fotobuch mit den eigenen Bildern gestalten, Bestellung abschicken und dabei Ihren Gutschein mit persönlichem Code einlösen.

Ihr Gutschein-Code: mpxbggd5kz

Zum Beispiel das MARCO POLO FUN A5 Fotobuch für 7,49 €.

* Dies ist ein spezielles Angebot der fotokasten GmbH. Der Gutschein ist einmal pro Haushalt/Person einlösbar. Dieser Gutschein gilt nicht in Verbindung mit weiteren Gutscheinaktionen. Eine Barauszahlung ist nicht möglich. Gültig bis 31.12.2015. Der Gutschein kann auf www.marcopolo.de/fotoservice/gutschein auf alle Angebote und Versandkosten (Deutschland 4,95 €, Schweiz 9,95 €) der fotokasten GmbH angerechnet werden. powered by fotokasten

www.marcopolo.de/fotoservice/gutschein

IMPRESSUM

SCHREIBEN SIE UNS!

> *Liebe Leserin, lieber Leser,*

Wir setzen alles daran, Ihnen möglichst aktuelle Informationen mit auf die Reise zu geben. Dennoch schleichen sich manchmal Fehler ein – trotz gründlicher Recherche unserer Autoren/innen. Sie haben sicherlich Verständnis, dass der Verlag dafür keine Haftung übernehmen kann.

Wir freuen uns aber, wenn Sie uns schreiben.

Senden Sie Ihre Post an die
MARCO POLO Redaktion
MAIRDUMONT, Postfach 31 51
73751 Ostfildern
info@marcopolo.de

IMPRESSUM

Titelbild (von li. nach re.): Getty/B. Sporrer, Getty/J. Stumpe, Denis Pernath, Stockfood/Peer Wörmann

Alle weiteren Fotos: Franz Gruber

2., aktualisierte Auflage 2011
© MAIRDUMONT GmbH & Co. KG, Ostfildern

Konzept / Chefredaktion: Michaela Lienemann
Autoren: Diane Naar-Elphee, Walter M. Weiss
Gesamtredaktionelle Betreuung: Redaktionsbüro Negwer, Christiane Würtenberger, Thomas Zwicker, Christian Calmano, Martina Sörensen, Julia Haude
Projektbetreuung: Silwen Randebrock
Kartografie Cityatlas: © MAIRDUMONT, Ostfildern
Innengestaltung / Icons: Katharina Kracker; Titel: fpm factor product münchen
Das Werk einschließlich aller seiner Teile ist urheberrechtlich geschützt. Jede urheberrechtsrelevante Verwertung ist ohne Zustimmung des Verlages unzulässig und strafbar. Das gilt insbesondere für Vervielfältigungen, Übersetzungen, Nachahmungen, Mikroverfilmungen und die Einspeicherung und Verarbeitung in elektronischen Systemen.
Printed in Hungary. Gedruckt auf 100% chlorfrei gebleichtem Papier

48 h

> Spaß haben und jede Menge sparen! Wir haben Ihnen zwei erlebnisreiche Tage aus dem Band zusammen- und vergleichbaren, „normalen" Aktivitäten gegenübergestellt

SA Ausgestattet mit dem **Einkaufs-ticket** der Wiener Linien *(S. 13)* fahren Sie zur Ringstraße. Dort steigen Sie in die Linie 1 um – für eine **Sightsee-ing-Tour rund um die Innenstadt** *(S. 7).* Danach geht's mit dem **Tretboot** auf die Alte Donau, an idyllischen Ufern und ge-mütlichen Ausflugslokalen entlang. *(S. 42).* Hunger? Essen Sie auf dem Rück-weg in der **Pizzeria Mafiosi** eine knusp-rige Pizza *(S. 68).* Heute Nachmittag ist Museumstag: Das **Museum für Ange-wandte Kunst, kurz MAK** *(S. 30),* zeigt seine Schätze bei freiem Eintritt. Wer da-nach noch Lust hat, besucht das **Glasmu-seum** *(S. 26).* Kein Tag in Wien ohne Kaf-feehaus: Günstig kehren Sie im **Aida** *(S. 59)* ein, etwa in der Filiale Wollzeile, Nr. 28. Abends geht's ins **Akademiethea-ter** *(S. 33).* Danach empfehlen wir ein le-ckeres Curry im **Deewan** *(S. 64)* und die DJ Party im **Schikaneder** *(S. 101).* An-schließend wünschen wir eine gute Nacht im **Hostel Hütteldorf** *(S. 107).*

SO Ganz früh müssen Sie heute nicht aufstehen, aber doch rechtzeitig, um die **Wiener Sängerkna-ben bei der Heiligen Messe in der Hof-burgkapelle** einmal live zu hören *(S. 32).* Zu Fuß geht's danach über den Karls- und den Schwarzenbergplatz auf ein Lunch zum Beispiel ins **Salm Bräu** *(S. 57).* Ge-stärkt? Hoffentlich, denn nun steht das **Obere Belvedere** *(S. 9)* auf dem Pro-gramm, und da müssen Sie einen Hügel hinauf. Der Blick von Prinz Eugens ehe-maliger Sommerresidenz lohnt die An-strengung! Sehr diesseitige Aspekte der Stadtgeschichte vermittelt anschließend der Gang durch das sonntags kostenlos zu besuchende **Wien Museum** *(S. 30).* Den Schlussakkord setzt an einem schö-nen Sommerabend in Wien große Oper, genossen **Open Air via Leinwand auf dem Rathausplatz.** *(S. 22).* Dort lässt sich an zahlreichen, exotischen Imbissstän-den zwischendurch auch sehr angenehm der Hunger stillen.

LOW BUDGET
WEEKEND

LOW BUDGET		REGULÄR	
SA			
Ticket „Einkaufskarte"	4,60€	6 Einzelfahrten à 1,80	10,80€
Fahrt mit der Linie 1	0,00€	Ringstraße mit Touristen Tram	9,00€
Tretbootfahren auf der Alten Donau	11,00€	Donaurundfahrt	15,00€
Pizza in Pizzeria Mafiosi mit Getränk	4,00€	Pizza mit Getränk im Restaurant	9,00€
MAK und Glasmuseum	0,00€	Leopoldsmuseum und Mumok	18,00€
Kaffee/Kuchen im Aida	4,40€	Kaffee/Kuchen im Traditionscafé	7,00€
Akademietheater – Stehplatz	1,50€	Akademietheater – Parkettplatz	32,00€
Curry im Deewan	5,00€	Curry im Restaurant Indus	11,00€
DJ Party im Schikaneder	0,00€	DJ Party im Renommierclub	7,00€
Schlafen im Hostel Hütteldorf	22,50€	EZ im 3-Sterne-Hotel	70,00€
SO			
24-Stunden-Ticket	5,70€	7 Einzelfahrten	12,60€
Messe Hofburgkapelle mit Wiener Sängerknaben	0,00€	Sängerknaben im Musikverein	44,00€
Mittagessen im Salm Bräu	7,00€	Mittagessen im Restaurant	12,00€
Stadtpanorama vom Oberen Belvedere	0,00€	Stadtpanorama vom Steffl-Südturm	4,50€
Wien Museum	1,50€	Schatzkammer Hofburg	12,00€
Imbiss am Rathausplatz	5,00€	Abendessen im Beisl	12,00€
Opernfilmfestival Rathausplatz	0,00€	Staatsoper – mittlerer Sitzplatz	72,00€
GESAMT	**72,20€**	**GESAMT**	**357,90€**

> GESPART   285,70€

48 h

> **Zwei Tage im Luxus schwelgen und dabei ordentlich sparen. Hier unser Programm für 48 Stunden Luxus Low Budget – und im Vergleich ein Wochenende zu regulären Preisen**

SA Am besten starten Sie mit einer Wienkarte – denn an unserem Luxus-Low-Budget-Wochenende kommen Sie ganz schön rum. Sie übernachten im **Viennart** *(S. 117)*. In der Lobby und im Frühstücksraum dieses Designhotels hängen Bilder von Nachwuchskünstlern. Mit diesem musischen Vorgeschmack sind Sie bestens aufgewärmt für einen Besuch des **Museumsquartiers** *(S. 28)*. Mehr als 20 Museen bieten hier Kunstgenuss vom Feinsten. Wir empfehlen das Mumok, das Museum für Moderne Kunst. Und danach ein Mittagessen in der **Meierei** *(S. 72)*, die zum Gourmettempel Steirereck gehört. Wer nun Lust aufs Stöbern bekommt, der sollte über den Flohmarkt am Naschmarkt bummeln *(S. 82)*. Im **Chegini Outlet** *(S. 88)*, Wiens Top-Adresse für Markenliebhaber am Kohlmarkt, findet sich danach bestimmt ein schickes Accessoire fürs Abendprogramm: Erst essen Sie im türkischen Restaurant Kent *(S. 65)* zu

Abend, dann geht's zum Kabarett ins **Café Carina** – die ehemalige Jugendstil-U-Bahn-Station ist die schönste Art, in Wiens Untergrund abzutauchen *(S. 96)*.

SO Nach so viel Feiervergnügen beginnt der Tag luftig mit einer Wanderung auf den **Leopoldsberg** *(S. 10)*: Lohn der Mühe ist der grandiose Blick über die ganze Stadt bis hin zu den Ausläufern der Karpaten. Danach geht's zum **Sonntagskonzert in den Prater** *(S. 33)*, dort gibt's mal Operetten und Wienerlied, mal Jazz. Lust auf ein ganz besonderes Mittagessen? Wir empfehlen den Mittagsteller beim **Österreicher im MAK** *(S. 73)*. Beschließen Sie das Luxus-Wochenende völlig entspannt mit ein paar Runden im **Open-Air-Pool auf dem Badeschiff** *(S. 47)*. Das ist Wellness mitten in der City! Und trinken Sie zum Ausklang noch an der Gastro-Bar des Edel-Frachters ganz genussvoll ein Glas **Prosecco mit Blick auf die Donau**.

LOW BUDGET
LUXUS WEEKEND

LOW BUDGET		REGULÄR	
SA			
72h Wienkarte	18,50€	Einzelpreis (11 Fahrten)	24,20€
Museumsquartier mit		Museumsquartier ohne	
Wienkarte, z. B.		Wienkarte, z. B.	
Museum Moderne Kunst	7,20€	Museum Moderne Kunst	9,00€
Mittagessen Meierei	20,00€	Mittagessen Steirereck	50,00€
Dies & das auf dem Flohmarkt	30,00€	Dies & das beim Shopping	150,00€
Handtasche Chanel bei Chegini			
Outlet (bis zu 70%)	129,00€	Handtasche Chanel	430,00€
Abendessen im türkischen		Abendessen bei einem	
Restaurant Kent mit Getränken	20,00€	Edelitaliener	35,00€
Kleinkunst im Café Carina	15,00€	Kabarett Simpl, Mittelloge	36,00€
Special Offer Viennart	65,00€	Reguläres DZ im Viennart	150,00€
SO			
Panoramablick Leopoldsberg	0,00€	Aussichtsterrasse Donauturm	5,90€
Praterkonzert Open Air	0,00€	Galerieplatz Wiener Volksoper	21,00€
Mittagsteller Österreicher		Spezialität Tafelspitz,	
im MAK	6,40€	etwa im Plachutta	28,90€
Badeschiff Tageskarte	7,50€	Pool Renaissance Hotel	9,50€
Glas Prosecco mit Donaublick		Glas Prosecco Aussichtsterrasse	
in der Gastro-Bar	2,50€	Hotel Hilton Danube	7,00€
GESAMT	**321,10€**	**GESAMT**	**956,50€**

> **GESPART   635,40€**